民国大师文库

（第二辑）

罗根泽孟子传论

罗根泽◎著

陈柱中庸注参

陈柱◎著

北京联合出版公司

Beijing United Publishing Co.,Ltd.

总目录

总目录

罗根泽 孟子传论

目 录

自　序

史公于孔子为《世家》详纪言行，于孟子则仅与诸子共传，寥寥百余言，略而且误。赵氏《题辞》，亦未详叙。后儒纷纷稽讨，或为《年谱》，或为《考略》，或为《传纂》，于是其行实略历，粗可考见。然孟子生卒，古籍不载，确定年月，势不可能，《年谱》之作，亦云荒矣。《考略》之流，又病割裂。《传纂》善矣，而今所传者，多载《外书》荒谬之言，《列女》《韩诗》附会之说，至其道术政论，游仕大端，反阙焉，斯所谓倒植者也。根泽幸生后世，得窥魁儒硕士之所考订，参验比较，曲直见而史实出焉。愚不自揣，以暇时草为《别传》。于其学术思想，则提要钩玄，撮论其根核所在，渊源所自，与夫枝干之演化，后世之影响。于其出处行历，则依据《孟子》，参以诸儒之考证，信而有征者书之，荒谬怀疑者不录。冀使世人无论习《孟书》与否，籀此一文，即能略悉孟子之人格学问及事略之大概。惟立说所自，不标出处，去取微意，弗事说明，易滋疑团，且邻掠美；故凡所引书，降格书之；考案之语，又复降焉；庶读者遇有怀疑，有所稽览云。根泽齿稚学疏，误谬难免，匡正指教，敢望于赐读诸君也。

中华民国十七年三月二十八日，罗根泽记。

孟子传论

世人无论习孟书与否，藉此一文，即能略悉孟子之人格学问及事略之大概。

孟子名轲，字则未闻。

汉赵岐《孟子·题辞》：孟子，……名轲，字则未闻也。

清焦循《孟子正义》：王应麟《困学纪闻》云："孟子字未闻。《孔丛子》云，'子车'，《注》'一作子居，居贫坎轲，故名轲字子居。亦称子舆。'《圣证论》云，'《子思书孔丛子》有孟子居，即是轲也。'《傅子》云，'孟子舆'。疑皆附会。史鄂《三迁志》云，'孟子字自司马迁班固赵岐皆未言及，魏人作徐斡《中论序》曰，孟轲荀卿，怀亚圣之才，著一家之法，皆以姓名自书，至今厥字不传，原思其故，皆由战国之士，乐贤者寡，不早记录耳。'是直以孟子为逸其字矣。"按王肃傅元生赵氏后，赵氏所不知，肃何由知之？《孔丛子》伪书，不足证也，王氏疑其附会，是矣。

清梁玉绳《史记志疑·孟子荀卿列传》："案史不书孟子之字。"赵岐《题辞》曰："字则未闻。"考《汉艺文志》师古《注》引《圣证论》云："字子车。"王氏《艺文志考证》困学《纪闻》八引《傅子》云：

"字子舆。"《文选》刘峻《辨命论》"子舆困臧仓之诉"。《注》亦引《傅子》云："邹之君子孟子舆"。唐虞世南《北堂书钞》引《孟轲传·荀于非十二子》篇杨倞《注》，并云"字子舆。"《孔丛子杂训》云："孟子车。"《注》"一作子居"。据此则魏晋以来。始传孟子之字，故《正义》著之，虽未详其所得，要非无据，可补史遗。王氏疑为附会，非也。古车舆通用，如秦三良子车氏，史于《秦纪·赵世家·扁鹊传》并作子舆可验。惟居字恐以音同而讹。颜师古《急就篇·注》："孟子字子居"。《广韵》去声轲字注云："孟了居贫辕轲，故名轲字子居。"疑非。

案孟子字，古书不我；载之自王肃《圣证论》始，《圣证论》乃王氏妄制以难马郑者，漂渺纰缪，不足为据。至《傅子》以为字子舆，盖车舆通用，仍袭王氏之误。《孔丛子》晚出伪书，更无足采。而辗转因循，久假成真，博洽如梁玉绳，尤且信之，其他又何足云？甚矣王氏作伪之祸人深也。

其先盖鲁孟孙之后，不知何世，徙居邹国。

汉司马迁《史记·孟子荀卿列传》：孟轲，驺人也。

汉赵岐《孟子·题辞》：或曰，孟子，鲁公族孟孙之后，故孟子仕于齐，丧母而归葬于鲁也。三桓子孙，既以衰微，分适他国。

唐颜师古《急就篇注》卷二孟伯徐：鲁桓公子庆父之后号孟孙氏，其后称孟氏焉。

宋郑樵《通志·氏族略》四孟氏：姬姓，鲁桓公子庆父之后也。庆父曰公仲，本仲氏，亦曰仲孙氏，为闵公之故，讳弑君之罪，更为孟氏。……齐有孟轲。

清焦循《孟子正义》：鲁桓公生同为庄公，次庆父为仲孙氏，次叔牙为叔孙氏，次季友为季孙氏，是为三桓。仲孙氏即孟孙氏。庆父生公孙敖，即孟穆伯。穆伯生文伯叔惠。文伯生仲孙蔑，即孟献子。献子生仲孙速，即孟庄子。庄子生孺子秩。秩生仲孙貜，即孟僖子。僖子生仲孙何忌，即孟懿子。懿子生孟孺子泄，即孟武伯。武伯生仲孙捷，即孟敬子。入春秋后。其献子次子生仲孙羯。杜预《世族谱》以懿伯即子服仲孙它，生孟椒，椒生子服回，回生子服何，是为子服景伯，别为子服氏。孟氏之族，有孟公绰孟之反。孟懿子之弟有南宫敬叔，孟武伯之弟有公期。……孟子即以孟为氏，宜为孟孙之后，但世系不可详，故赵氏以或曰疑之。

清周广业《孟子出处时地考》：本传"孟轲邹人"。[1] 赵岐《题辞》曰："孟子，邹人也。邹本春秋邾子之国，孟子时改曰邹，国近鲁，后为鲁所并。又言邾为楚所并，非鲁也。今邹县是也。……"吴程乃云："孟子鲁人居邹，非生于邹。"谭氏《编年略》更傥其说，云："邹为鲁下邑，即《说文》所称孔子乡，叔梁纥所治地。史云邹人，不云邹国人，氏《编年略》更傥其说，云："邹为鲁下邑，即《说文》所称孔子乡，叔梁纥所治地。史云邹人，不云邹国人，犹子路卞人，曾子武城人，不言鲁也。本书自齐葬于鲁，因是时有二邹，虑后人国与邑混，故于丧母大事特书之，明鲁为父母之邦也。赵误邹为邾，邾在兖北青境，邹在兖南徐境，道里甚远，安得云近圣人之居如此其甚？孔子所生名故邹城，去孟子所居五十里，以邑则孔孟皆邹人，以国则孔孟皆鲁人。故孟子居邹邑，即是居鲁。其对邹穆公不称臣，而言甚倨，即'邹人与鲁人战'一语，明为别国矣。于鲁则云'我之不遇鲁侯天也'，以不遇本国之君，老更无可遇，故曰'天也'。"广业案此言殊谬。史与孟子同传者，淳于髡齐人，荀卿赵人，不皆系以国；[2] 即孔门弟子，如端木赐卫人，言偃吴人，亦从无连国字之例，安见单言邹即为鲁下邑也？且邹国与郰邑，为字迥异。《说文》"邹，

---

① 汉志同。
② 根泽案：不皆二字疑倒。

鲁邑，古郳国，帝颛顼之后所封，从邑匋声。郰，鲁下邑，孔子之乡，从邑取声。① 二字形义判然，许叔重书具在，可覆按也。② 邹字见《孟子》书者十，他书或作驺，如《史记》邹人，一本作驺人；如《始皇纪》邹峄山，《封禅书》作驺峄山；《汉书·地理志》鲁国邹，《注》故郳国，《续汉书·郡国志》驺本郳国，是也。俗通作鄹，颜元孙《干禄字书》鄹邹注云，上通下正，是也。郰字见《左传》郰人纥，通作鄹，《论语》"鄹人之子，"《孔丛子》"还辕息鄹"。亦作陬，《孔子世家》"生昌平乡陬邑，"是也。若邹郰之字，考古书从无通借。至《水经注》始讹郰为邹，而以孔子为邹国人。其言曰："鲁国邹山，即《左传》之峄山，邾文公所迁，故邾娄国曹姓，叔梁纥之邑也，孔子生此，后乃县之。"其后周宣帝大象二年，遂封孔子为邹国公，③ 实坐此误也。④ 陆德明《春秋序释文》又讹邹为郰，而云孟子郰邑人。司马贞《史孟子传索隐》云，"邹，鲁地名。"又云，"邾，邾人徙邹故也。"圣贤梓里，任臆颠倒，此皆五代及唐俗体传讹，急待后儒是证者。故罗泌《国名纪》于郰下特别白之曰，"孔子生处，与孟子之邹异。"又注云，"或作邹，非。"极为了当。⑤ 而宋神宗元丰六年，封孟轲邹国公，元文宗至顺元年，封邹国亚圣公，俱载正史。今乃混国为邑，谬假《说文》欺世，可乎？反葬诚属首邱之义，然是时壤接牙错，不必如后世之土断，《左传》载鲁伐邾，非一，安知疆田保绎而后，鲁地非即向之邹地？且系孟孙之后，则祖墓自应在鲁。不得藉是为鲁人之证。《左传》哀七年"鲁击柝闻于邾。"《汉志》鲁邹蕃三县，俱属兖州；鲁即鲁国，蕃即邾国，邹即邾文公所迁之绎也。此甚近之确证。

---

① 徐锴系传邹下引赵岐题词，邾国至孟子时改曰邹，则留反。郰下引左传郰人纥，则侯反。

② 玉篇训同说文。惟邹下增注云，俗作郭；郰注云，论语作鄹。广韵邹县名，在兖州；郰下亦引说文。又杜预春秋地名释鲁地云，襄十年鄹注，鲁国鲁县东南鄹城也。释邾地云，隐元年邾注，鲁国邹县。文十五年绎注，鲁国邹县北有绎山。

③ 见后《周书》。隋复封孔长孙为邹国公。《史记正义》引《括地志舆地志》，郰并作邹。

④ 注略。

⑤ 集注考证"圣人之居，在今袭庆府仙源县，而邹即邹县，在仙源之南。"亦极分明。

不古之据，而以今境计之，合孔孟皆为邹人，误矣。① 至邹人与楚人战，正惟自身是邹人，故援以喻齐。《左传·正义》引《谱》云："春秋后八年，楚灭邾。"② 意其时楚方蚕食，邹不行仁政，而妄与力抗，孟子知其必有后灾，适因齐事触动，遂不觉痛切言之也，乃以是即知非本国乎？且邹在春秋赋六百乘，传至战国亦在十二诸侯之首，故楚射者以秦燕魏比鹥雁，齐鲁韩魏比青鸟，邹费郯邳比罗鹫，谓其余皆不足射，则知是时妄思敌楚者惟邹，故借为以一服八之证也。鲁既父母之，国何与慎子言，直斥其殃民僭越王制？如曰居邹邑即居鲁，则彼曹交所欲见而假馆者果何君耶？邹君即穆公，孟子与言必称曰君，故曹交虽不在公所亦必称君也。至平公则吾与鲁侯对举，即知非本国臣民矣。且邹鲁哄后，穆公肯复引仇国之人与图善后乎？阎咏曰："只云近圣人之居，未尝云生圣人之乡。"言已明白。广业恐人之好异，使大贤宅里混淆，辄复详辨之。

清焦循《孟子正义》："《说文·邑部》云：'邹，鲁县，古邾娄国，帝颛顼之后所封。'"段氏玉裁《说文解字注》云："鲁国驺二志同，周时或云邹，或云邾娄者，语言缓急之殊也。周时作邹，汉时作驺，古今字之异也。《左传》作邾，《公羊》作邾娄，邾娄之合声为邹，《国语·孟子》作邹，三者邹为正，邾则省文。"

案周氏谓邾人徙邹，遂更名邹；焦氏谓邹即邾，泽未深考，不知孰是。而谓孟子为邹国人非鲁国人，则二氏全同，可以深信勿疑，吴谭妄说，不足信也。至郑樵谓齐人，他书不见，盖涉孟子仕齐而误。

父讳母氏，无可稽考；惟谓"三岁而孤，"则不然也。

明陈士元《孟子杂记》：轲母仉氏。① 元按《姓苑》"仉氏出梁四公子之后。"

清周广业《孟子出处时地考》：孟子父名失考，② 孟母氏亦未详。③

清林春溥《孟子列传纂》：父激④公宜⑤，母仉氏。⑥

清任兆麟《孟子时事略》：《春秋演孔图》曰："孟子父激公宜，⑦ 母仉⑧氏，梦神人乘云攀龙凤自泰山来，将止峄，凝视久之，忽见片云坠而痦。时间巷皆见五色云覆孟氏居，而孟子生焉。"

清施彦士《读孟质疑》卷上：《阙里志》"孟子父⑨激⑩公宜，娶仉氏。"

案细读《风俗通》、《列女传》，无孟子父名母氏，不悉陈林二君，何所据而云然，累予数时之检阅。孙张二记及《阙里志·孟氏谱》，出自后世，不详所本之说，何可遽信，《春秋演孔图》纬书者流，不足道也。且孟父若名激，何以孟子不讳激?⑪ 周氏不信，可谓谨严有见。至于梦神人云云，无论东西各国，其稍古传记，对于圣哲豪杰，皆有此等附会，今日视之，不值一哂。

清周广业《孟子出处时地考·题辞》云："孟子生有淑质，夙丧其父，

---

① 《列女传》仉音掌。
② 孟氏谱名激字公宜。
③ 张颖孟母墓记云："旧唯片时，题曰邹公坟墓碑，言母氏李，未知何据？集注载金孙弼谒庙记有李氏之说，疑碑为金所立。"或云仉氏。音掌。
④ 名也。
⑤ 字也。
⑥ 见风俗通。
⑦ 陈榕门曰，名激，字公宜。
⑧ 音掌。
⑨ 名。
⑩ 字。
⑪ 告子篇"激而行之，可使在山"。

幼被慈母三迁之教。"及注后丧逾前丧云:"孟子前丧父约,后丧母奢。"前后虽无定时,以士大夫三鼎五鼎之言推之,相隔必不甚远。《礼》曰:"丧从死者,祭从生者。"祭以三鼎,则在孟子为士之后明矣。时年盖亦四十余。《题辞》所谓"夙丧其父"者,特以父先母死耳,非幼孤也。薛应旗《四书人物考》、《四书直解集语续》、《文献通考》、《阙里志》、《三迁志》遂云"孟子三岁丧父"。考《韩诗》、《列女》俱无此说。且《列女》载孟母断机事云:"织绩而食,中道废而不为,宁能衣其夫子而长不乏粮食哉?"此必非蓼恤之言。夫士及三鼎,固非褓褓间事。且去丧母五六十年,鲁人亦何从知其前后丰俭悬绝,而臧仓得以行其毁隔耶?王复礼曰:"若前丧在三岁,则丰啬非所自主,臧仓安得谮之?平公安得信之?乐正又安得不辨之?盖公宜实未尝卒,其三迁断机,或者公宜出游,慈母代严父耳。"广业案元仁宗延佑三年七月,追封孟子父母,制只称其父夙丧,张颖《墓碑》亦然,则三岁丧父之说妄也。[1]

　　案读此可知三岁丧父之说之无据矣。而任兆麟《孟子时事略》,施彦士《读孟质疑》,魏源《孟子年表》,俱引《列女传》云:"孟子三岁丧父。"周广业所见《列女传》无此说,今所见《列女传》亦无此说,而三君竟异口同声,谓《列女传》云此;《列女传》既有"衣其夫子"之言,何能又有"三岁丧父"之说?此盖由于一人失检,而他人辗转相钞,遂有此沿误耳。

　　生卒年月,史传不载,稽古之士,群焉搜讨。或谓生于周定王三十一年,卒于赧王二十六年。

　　清潘眉《孟子游历考生卒·史记索隐》云:"孟子生于周定王三十一

---

[1] 注略。

年，卒于赧王二十六年，寿八十有四。"

案施彦士《读孟质疑》魏源《孟子年表》，皆引《索隐》云此，魏并据《阙里志》所引，谓近日本有讹，[①] 似详读《索隐》而言者。然今本《索隐》，绝无此说，未悉何故。

或谓生于周烈王四年，卒年与前说同。

元程复心《孟子年谱》：孟子生于周烈王四年，鲁共公五年己酉四月二十日，卒于赧王二十六年，鲁文公六年□□□□五日，周正建予，改朔不改月也，寿八十四岁，以冬至日终，邹邑人悲感，遂辍贺正，迄兹成俗。

案程氏《年谱》，《四库全书提要》疑即谭贞默《孟子编年略》。

清万斯同《群书疑辨·孟子生卒年月辨》：余按《孟氏世谱》言孟子生于周烈王四年己酉，卒于赧王二十六年壬申，年八十有四。其言似可信，然亦有可疑者：孟子之见梁惠王在惠王三十五年，周显王之三十三年也。以生烈王四年计之，孟子年方三十七，惠王何故称为叟？此可疑者一。周自武王元年己卯，至显王四十六年戊戌，乃得八百年，孟子去齐，自称"由周而来，七百有余岁"，则在戊戌之前可知。然燕王哙之立，在显王四十八年，越五年齐灭燕，又二年燕叛齐，孟子因宣王之惭。即去齐反邹，是时周已八百有余岁，则其生当在烈王之前，安王之世，此可疑者二。然鲁平公之元年，即周赧王之元年，平公之欲见孟子，更在其后，以孟子生烈王四年计之，其年当在六十之外，若生于安王之世，则七十有余矣，安有七十余龄之人，尚怀用世而以不遇鲁侯为天意乎？由是言之，其生于烈王四年，无可疑者。惟叟之言为可疑。然叟虽长老之称，世亦有尊其人而加以尊称者，不必以其年也。如汉高帝称秦人为父老，其人果皆父

---

① 并见后。

老哉？惠王之意，称孟子亦犹是也。孟氏之宗谱，其言必有所据，若并舍而不从，更将何以取信乎？若孟子之始去齐，即谓在显王四十六年以前，亦何不可？

清蒋陈锡等《邹县志·孟子年表》：周烈王四年，鲁共王五年己酉四月初二日，孟子生。……壬申八十四岁，周赧王二十六年十一月十五日，孟子卒。

清潘眉《孟子游历考生卒·史记索隐》云："孟子生于周定王三十一年，卒于赧王二十六年，寿八十有四。"元张顒《孟母墓碑》记据《邹公坟庙碑》云："孟子后孔子三十五年生，时周定王三十七年也。"陈士元《孟子杂记》载《孟氏谱》云："孟子以周定王三十七年四月二日生，即今之二月二日；赧王二十六年正月十五日卒。即今之十一月十五日，寿八十有四。"《留青日札》、《听雨纪谈》并同。[①] 瞿九思定为烈王四年己酉生，赧王二十六年壬申卒，年八十有四。按《邹公坟庙碑》云："孟子后孔子三十五年生，时周定王三十七年。"考孔子以敬王四十一年壬戌卒，后三十五年，实贞定王二十五年丁酉。孟子至魏在显王三十三年乙酉，逆数至贞定丙申，为一百十年，其生不在孔子卒后三十五年明矣。盖届周定王三十五年而生者孔子也，[②] 他书或言孔子后周定王三十五年生，而孔子讹为孟子，周定王讹为孔子，又有周定王三字，遂颠倒错乱而成此误，三十七年，亦因三十五年影响附会也。定王在位二十一年，贞定王在位二十八年。皆无三十七年，其误显然。潘彦登《孟子生日考》疑是安王十七年，而安误为定，王误为三。周广业从之，谓卒当在赧王十三年。愚谓孟子生卒史无明文，可考见者，惟《索隐》为最古，其生年虽讹，而以卒年存年逆推之，则烈王四年之说为近，陈士元《杂记孟世谱》[③] 孟衍泰《三迁志》万斯同《孟子生卒年月辨》，皆主烈王四年。

---

① 日札四月朔生，正月望卒。
② 简王十四年，灵王二十一年孔子生，定王崩后之三十五年也。
③ 又一谱。

清狄子奇《孟子编年》：① 周烈王四年②四月二日，孟子生。按《孟氏谱》谓孟子生于周定王三十七年乙酉，其误不待言。陈士元谓定王乃安王之误。考安王止二十六年，自庚辰元，至乙巳陟，并无乙酉，则其说亦误。《阙里志》谓孟子生于安王十七年，又非乙酉。惟《三迁志》则云孟子生于烈王四年乙酉，以谱谓孟子卒于赧王二十六年壬申，年八十四，逆数至是年，正合此数，今从之。……③赧王二十六年，年八十四，正月十五日卒。④

清林春溥《孟子时事年表后说》：孟子生卒年月，史传无明文。元张颐《孟母墓碑记》据《邹公坟庙碑》云："孟子后孔子三十五年生，时周定王三十七年。"《杂记》载《孟氏谱》云："周定王三十七年己酉四月二日，孟子生，赧王二十六年壬申正月十五日卒，寿八十四。"今考贞定王在位只二十八年，无己酉，己酉在考王九年，下距赧王只二十六年，已一百四十三年。不得云寿八十四也。陈士元疑定为安之讹，然安王在位亦二十六年，无己酉，己酉在烈王四年，故孟衍泰《三迁志》所载《年表》，据瞿九思说，定为烈王四年己酉生，赧王二十六年壬申卒，既与八十四之数符，亦与孟子言由孔子而来，至今百有余岁合。万斯同《孟子生卒年月辨》引《孟氏谱》亦然。故今从之。

清施彦士《读孟质疑·始生年月考》：周理堂曰："孟子生卒，《史记》不载，小司马《索隐》谓卒于周赧王之二十六年壬申，享年八十有四，《留青日札》、《听雨纪谈》并同。独其所生之年，《索隐》谓在周定王三十一年，《日札》、《纪谈》又作三十七年，瞿九思谓定王崩后三十余年，孔子乃生，年次甚左。若以定王为贞定王，去孟子卒时亦百四十余年。且定王在位止二十一年，贞定王在位止二十八年，安得云三十一年或

---

① 乙酉。
② 注略。
③ 壬申。
④ 注略。

三十七年哉？因定以为烈王四年己酉，与八十四岁之说合。《礼乐·录》谓孟子卒年七十四，近《四书类·典赋年表》载孟子生于周安王七年丙申，[1] 寿九十七，并无据。"按孟子生年，众说不一，卒于赧王二十六年，寿八十四，众说所同也。周氏定以为生于烈王四年己酉，与八十四之数合；近曹寅谷前辈亦据《孟氏谱》推之以为己酉生，今从之。又《卒年月日考》："《邹县志》壬申八十四岁，周赧王二十六年十一月十五日，孟子卒。古碑云：孟子卒于冬至之日，邹人因哭孟子而废贺冬至之礼，遂以成俗。"李隐云："赧王二十六年正月十五日卒。"按孟子卒，《志》以为十一月十五，李氏谓正月十五，二说不同。然古碑云。卒于冬至，邹俗因之废贺礼，载诸邑乘，必非无据。今以天元历推之，癸酉天正月，壬子朔冬至，戊午系月之七日。壬申天正月，戊子朔冬至，癸丑系月之二十六日。惟辛未岁天正月癸巳，日亥初，合朔时历。稍后数刻则为甲午，朔戊申，冬至恰月之十五日，而在历为十一月，在周季为正月，所谓千岁日至可坐而致，本无不合。而计年则有一算之差何欤？姑识之以俟考云。

清张曜等《重纂三迁志年表》：孟子生卒年月，史传无征，《旧志》据《孟氏世谱》定为周烈王四年四月二日生，赧王二十六年正月十五日卒。[2] 其说始于明人。或云：《世谱》得自孟子四十五代孙宁、宁宋元丰时人，今亦未知其何据。

案容城孙葆田摘《三迁志》之重要篇章，于光绪间刊印，名曰《孟志编略》，亦载《年表》。盖孙氏乃《三迁志》之分纂者也。

或谓生于周定王三十七年，卒年仍同前说。

明陈士元《孟子杂记·孟氏谱》云："孟子以周定王三十七年四月二

---

① 注略。
② 注略。

日生,即今之二月二日,赧王二十六年正月十五日卒,即今之十一月十五日,寿八十四。"

案田艺衡《留青日札》《听雨纪谈》黄本骥《孟子年谱》,及纪昀等《四库全书》阎若璩《孟子生卒年月考提要》引《山草堂肆考》说,施彦士《读孟质疑》所引李隐说,与此并同,无其他理论或佐证,故不赘引。

或谓生于安王初年,卒于赧王初年。

明陈士元《孟子杂记》:元按《史鉴》并云周定王在位二十一年而崩,无三十七年也。① 考之《长历》,定王二十一年乙亥,至赧王二十六年壬午,凡二百九十八年。窃疑定或安字之讹。安王在位二十六年崩,自安王二十六年乙巳,至赧王壬午,凡八十八年。然《谱》谓孟子寿八十四岁,自赧王壬午逆推之,当生于烈王己酉也。然《年表》、《纲目》、《大事记》等书,并谓孟子于显王三十三年乙酉至魏,四十三年乙未为齐上卿,四十四年丙申去齐复至魏,慎靓王二年壬寅去魏复适齐,赧王元年丁未致为臣于齐,不复仕。若孟子果生于烈王己酉,至显王乙酉,应聘至魏,年甫三十七,未老也。魏惠王自烈王辛亥嗣国,历三十五年而孟子始来见,是时惠王年不啻六七十,老矣,岂得反称三十七岁之孟子为叟哉?疑孟子或生于安王初年,卒于赧王初年,未可知也。按礼制国君薨后始得称谥,鲁平公薨于赧王二十年,而孟子称之,若孟子生于安王初年,当不百有余岁乎?然则谱牒纪年盖不是据。或疑七篇非孟子自著,乃其弟子追述,如此。②

案纪昀等《四库全书》郝敬《孟子说解题要》曰:"是书所论孟子生卒,以为当在安王时,非定王时,其说近是。然直断孟子生于安王初年,

---

① 根泽案,陈氏此言。对所引孟氏谱而发,已见前,故不再列。
② 薛文清公瑄曰,孟子之书,齐梁之君皆称谥,则成于后来弟子。无疑。

卒于赧王元年，则似未为定。"郝氏之说，与陈氏甚近，微不同者，陈氏谓卒于赧王初年，郝氏谓卒于赧王元年，亦一间耳，今权附于此，不另列。

或谓生于安王十七年。卒于赧王十三年。

清周广业《孟子出处时地考》：① 《杂记》载《孟氏谱》云："孟子以周定王三十七年四月二日生，即今之二月二日，赧王二十六年正月十五日卒，即今之十一月十五日，寿八十四岁。"此谱不知定于何时。元张頵《孟母墓碑记》，② 据《邹公坟庙碑》云："孟子后孔子三十五年生，时周定王三十七年。"则从来久矣。③ 陈氏疑定为安之讹，安王在位二十六年，是年乙巳，至赧王二十六壬申，凡八十八年，《谱》谓孟子寿八十四，自壬申逆推之，当生于烈王己酉也。"近孟衍泰《三迁志》所载《年表》，据瞿九思说，定为烈王己酉生，赧王二十六年壬申卒。④ 万斯同《孟子生卒年月辨》引《孟氏谱》亦然，知又非陈氏所见之谱矣。案《史记·六国表》，定王在位止二十八年，加考王九年以足三十七之数，是为己酉，去敬王四十一年壬戌孔子卒，才四十八年，则太近。若自壬戌推至烈王己酉，为百有八年，则又太远。朱子《集注》云："孟子之生，去孔子未百年。"⑤ 詹道传《集注纂笺》"从哀公十六年孔子卒推之，又十年悼公立，⑥ 凡四十年，⑦ 公元二十一年，穆公三十三年，⑧ 共公二十二年，⑨ 康公九

---

① 四考之一。
② 成宗元贞二年立。
③ 注略
④ 集语同。
⑤ 见予未得为孔子徒句下。
⑥ 史六国表鲁附楚据之当十二年，汉书律历志当十一年，詹景凤作十六年，误。
⑦ 史表三十八，汉志三十七。
⑧ 史表三十二。
⑨ 史表二十三。

年，景公二十九年，共百六十四年，① 而平公继立。由孔子而来，百有余岁，则孟子必生于穆公之间。"② 今以《六国表》考之，穆公立于威烈王之十九年，卒于安王之二十六年，是孟子当生于安王之世，《谱》本不足据。就《旧谱》寿八十四言之，叙生年当改定字，去三字，为安王十七年，则上距孔子九十五年。其卒在赧王十三年或十二年，而《谱》倒为二十又衍六字也。③ 盖孟子之年，最明显可数者，为齐卿时已自言我四十不动心，知其时年必耆艾矣。若生于烈王己酉，则后三年烈王崩，显王继立，而孟子仕齐即在显王三十七八年，至四十一二等年，④ 计孟子年才过四十，何遽然齿德皆尊，而自居长者？⑤ 王曰吾憪，⑥ 其年亦非盛壮，而孟子言仅有其一，则长于王可知也。《礼》六十始杖乡，遇乡饮尚在立侍听役之列，以强仕之年，而言乡党莫如齿，景丑齐客，其可欺乎？今虽无由考知，窃为约纪其年曰，周安王十七年丙申，孟子生。⑦ 至烈王元年丙午，年十一岁，显王元年癸丑，孟子十八岁，⑧ 二十三年乙亥，孟子四十岁，⑨ 三十三年乙酉，孟子五十岁，⑩ 四十三年乙未，孟子六十岁，⑪ 慎靓王元年辛丑，孟子六十六岁，⑫ 三年癸卯，孟子六十八岁，⑬ 赧王元年丁未，孟子

---

① 史表共百六十五，汉志共百六十二。

② 以上纂笺。

③ 潘彦登孟子生日考亦疑是安王十七年，而安误为定，王讹为三，乃鲁鱼亥豕之失也。但其所据止留青日札，遂谓生卒朔望不可易，恐未尽然。日札"四月朔生，正月望卒。"

④ 详后。

⑤ 赵注，孟子年老，自称长者。

⑥ 礼记注，憪，憪忘也。

⑦ 杜预春秋左传后序云：推校纪年，魏哀王二十年，岁在壬戌。是周赧王之十六年，上距孔子卒百八十一岁。孟子生安王十七年，去孔予卒九十五年。旧以为定王丙申，实差六十年。又邵子皇极经世一元图，己卯周安王立，十七年乙未以下纪事俱差一年。盖敬王在位实四十四年，史因此误，兹不复辨。

⑧ 梁惠王三年，齐桓公□八年。史表作齐威王十一年。史表详后。根泽案：此与上文注言详后，皆指其本书言。

⑨ 梁惠王二十五年，齐宣王十一年。史表作齐成王三十三年。

⑩ 梁惠王三十五年，齐宣王二十一年。史表作宣王七年。

⑪ 梁惠王后元十年，表作襄王九年；齐宣王三十一年，表作十七年；宋偃王三年。

⑫ 梁惠王后元十六年，表作襄十五年；齐潘王元年，上年为宣王三十六年，史表作潘王四年。

⑬ 梁襄王元年，表以襄为哀。

七十二岁，① 十二年戊午，孟子八十三岁，十三年己未，孟子八十四岁。但依此考之，庶七篇所载仕止，稍有头绪耳。

或谓生于安王二十六年，卒于赧王二十三年。

清臧庸《拜经日记孟子生卒年月：孟子谱》明人所纂，以为《谱》传自孟子四十五代孙孟宁，宋元丰时人，言："孟子于周烈王四年四月二日生，赧王二十六年十一月十五冬至日卒，年八十四，娶田氏。"明海盐吕元善《圣门志》亦谓："孟子生周烈王四年，卒赧王二十六年，年八十四。有谓生于周安王二十七年者，误也；安王二十六年崩，其二十七年为烈王元年，年八十四，当生烈王四年也。"《阙里志》但云八十四，不详生卒年月。按八十四之年，《孟氏谱》、《阙里志》、《圣门志》皆同。惟以为生于烈王四年，则至魏惠王三十五年游梁时，年始三十五，而惠王之年远长于孟子，不应遽称为叟。庸作《年表》移前四年，依三家八十四之说，当生于周安王二十六年乙巳，卒赧王二十二年戊辰。鲁平公卒于赧王十九年，故《孟氏书》称谥，游梁时年已四十二，如此方合。恐臆度之见不足信也。更有《礼乐录》谓孟子年七十四，若依旧说谓卒于赧王二十六年，则游梁时止二十七岁；若合以庸移前四年之说，游梁时止三十一岁，卒于赧王十六年，鲁平公之卒当后四年，不得称谥矣，其说非也。《礼乐录》又引或云："生安王十七年丙申，卒赧王二十六年壬申，年九十四。"按孔子生春秋，年七十三，战国时人享百龄者少，汪氏分斥为无据，是也。

---

① 鲁平公三年，史表作元年。

或谓生于安王二十年前，卒于赧王二十年后。

　　清宋翔凤《孟子事迹考·辨孟子谱之误》：俗传《孟子谱》云："孟子于周烈王四年四月二日生，赧王二十六年十一月十五冬至日卒，年八十四。"此言诞不足信。《公孙丑篇·孟子将朝王章》称："恶得有其一以慢其二哉？"是盖在齐湣王十二年燕人畔孟子去齐之前，当赧王三年，孟子年宜过七十，故云齿尊。《曲礼》："大夫七十而致事，若不得谢，则必赐之几杖，行役以妇人，适四方乘安车，自称曰老夫，于其国则称名。"则五十六十虽在养老之列，而尚无此隆礼，安得以尊齿自居？若孟子生于烈王四年，至赧王三年，仅六十一岁，不宜云尔矣。计孟子致为臣而归时，已合七十致事之礼，故云致为臣，若曰不可更仕矣。他日王谓时子曰："吾欲中国而授孟子室，养弟子以万钟，使诸大夫国人皆有所矜式。"此亦养老优贤之义；不能更令孟子仕，但留其归也。孟子去齐宿于昼，有欲为王留行者，坐而言，不应，隐几而卧。《曲礼》"七十几杖"，孟子对客隐几，正是年过七十之证。又按齐宣王十年，当周显王三十六年，依《俗谱》孟子年四十，是年有伐燕事，王问孟子，则已为齐卿预军国之议，公孙丑"夫子加齐卿相"之问，当在此前，而孟子已言吾四十不动心，则此时已过四十年矣。[1] 则生于烈王四年之说，全不可据也。

或谓生于安王十七年，卒于赧王二十六年。

　　清魏源《孟子年表》：周安王十七年，孟子生。……赧王二十六年壬

---

　　① 以赧王三年孟子七十余岁，则生于安王二十年前，后游梁时四十六七岁，游齐时四十八九岁。殁当在赧王二十年后，孟子年九十余矣。以孟子书鲁平公称谥，平公卒于赧王十九年也；齐湣王不称谥，湣王卒于赧王三十一年也；可推知孟子卒于赧王二十年之后三十年之前矣。

申，孟子卒，九十有七岁，卒于邹。①又《孟子年表考第五：索隐》谓孟子卒于赧王二十六年壬申。考《纪年》终于赧王十六年，齐宣王尚未卒，而《孟子书》称宣王之谥，则知又在其后。孟子以梁惠王后十五年至梁，时惠王已立五十年。而称孟子为叟，其年必在六十以外。然则《阙里志》据《索隐》赧王壬申之说谓九十有七者，殆为可信。以九十七逆推之，当生于周安王十七年。又《年表》孟子生下自注：《史记索隐》谓孟子卒于赧王二十六年壬申，与郑康成谓孟子当赧王之际。及七篇事迹皆合。《阙里志》从之，而谓寿九十七岁，逆推之当生于安王十七年。则至梁之年已六十六岁，宜称叟矣。惟近曰《索隐》本误作生于周定王三十一年，则定王崩后三十余年，孔子始生；若以为贞定王，则在位止二十一年，且下距孟子卒时六百有四岁，皆必无之事，其为安定字形近而讹无疑。故以《阙里志》所据《索隐》原本校正之如此。

> 羌无古证，终属臆测，确定年月，实不可能。

清张曜等《重纂三迁志年表》：司马子长叙《孔子世家》，所载孔子生卒出处甚具，至《孟子列传》乃独缺而不具，其疏略特甚，抑亦古史阙文之义耳。后儒区区修补，乃欲于二千年后悬断二千年前不可亿之事，宜其多所抵牾。今考《孟子年谱》，近代诸儒著述，不下数十家，其间或离或合，靡所适从。

案最古佐证，厥惟《索隐》，而今本《索隐》，又无此说，即今古本有之，才始于唐代耳，秦汉魏晋以来，皆无记载，唐人何从知之？况其说之多所抵牾而不能通耶？《阙里志》《圣门志》《孟氏谱》出自明人，抑更晚矣。而且本各不同，离合间出，其为后人之随时篡改无疑，何可信乎？（《孟氏谱》，陈士元所见，谓孟子生于定王三十七年；万斯同所见，则谓

---

① 本《索隐》及《阙里志》。

生于烈王四年。《阙里志》，狄子奇所见，谓孟子生于安王十七年；臧庸所见，则不详生卒年月，止谓寿八十有四；魏源所见，则谓寿九十有七；近胡适之所见，则全与《孟氏谱》①《圣门志》同。② 惟《圣门志》，古人征引者少，不得校订其各本相同否也。）

约略言之，盖生于烈王初年，卒于赧王二三十年，当西历纪元前三百七十年左右，至二百九十年左右之间。

案诸儒所以反对生烈王初年者，以生烈王初年，则游梁时甫三四十岁，惠王不应遽称为叟；在齐时不过四十余岁，孟子不应以齿德自居。不知孟子游梁，不在梁惠王三十五年，而在其后元十五年，《史记》系之三十五年，实差十六年，③ 则已五十余岁，宜称叟矣。越明年，去梁适齐，仕齐为卿，旋遭母丧，归葬于鲁，终丧三年，复返于齐，直至赧王三年，燕人畔齐，孟子始去齐归邹，④ 则在齐已六十岁矣，宜以齿德自居矣。至魏源等谓生于安王十七年，年九十有七，固无古证否认，但果如其说，则鲁平公欲见时已八九十岁，安有八九十耄耋之年，尚汲汲用世而叹不遇为天意耶？其他生贞定王或定王诸说，前人辨之详矣。生烈王初年，卒赧王二三十年，固亦均无古证，然按之七篇而皆通，准之情理而不悖，倘无有力之反证，不得不信以为据也。

上距孔子之卒，约及百年。

清孔广牧《先圣生卒年月考》卷下：七十世孙广牧谨案《左氏续经孔

---

① 万所见者。
② 除胡适之说见所著《中国哲学史大纲》外，余均散见于前。
③ 说详后。
④ 俱详后。

丛子诘墨孔子家语太史公》书，皆以为先圣卒于鲁哀公十六年。

案鲁哀公十六年为周敬王四十一年，[①] 西历纪元前四七九年。

下与荀子并世几二十年。

任公师《要籍解题及其读法·荀子》：前二九三（齐滑王三十一年）假定是年荀卿年十五：始游学于齐。

案二九三加十五为三〇八年，与孟子同世几二十年。

孔门弟子，固皆殂丧，子思之徒，亦已物故。

清崔述《孟子事实录》卷上：赵岐谓孟子亲师子思，王劭谓，《史记》人字为衍。余按孔子之卒，下至孟子游齐，燕人畔时，一百六十有六年矣。伯鱼之卒，在颜渊前，则孔子卒时，子思当不下十岁。而孟子去齐后，居邹，之宋，之薛，之滕，为文公定井田，复游于鲁，而后归老，则孟子在齐时，亦不过六十岁耳。即令子思享年八十，距孟子之生尚三十余年，孟子何由受业于子思乎？孟子云："予未得为孔子徒也，予私淑诸人也。"若孟子亲受业于子思，则当明言其人，以见传之有自，何得但云人而已乎？由是言之，孟子必无受业于子思之事，《史记》之言是也。

清梁玉绳《史记志疑：孟子题辞》曰："长师孔子之孙子思。"《汉艺文志》云："子思弟子。"《孔丛子杂训》云："孟子车请见，子思甚悦其志。"又《牧民居卫》箱有问答语。《风俗通·穷通篇》云："轲受业于子思。"而史称"受业子思门人。"《索隐》引王劭谓人字衍，盖以史为误也。然考伯鱼先夫子殁五载，子思当不甚幼。子思八十二卒，[②] 姑以夫子

---

① 本《史记》十二诸侯年表。
② 非六十二。

殁时年十岁计之，则卒于威烈王十八年。而赧王元年齐伐燕，孟子犹及见之，其去子思之卒九十五年。孟子寿百有余岁，方与子思相接，恐孟子未必如是长年，则安得登子思之门而亲为授受哉？且孟子自云："予私淑诸人，"更是确证，史似得其实。

案古书言孟子受业于子思者，除崔梁所引外，刘向《列女传》亦云："师事子思。"李翱《复姓书》上篇亦云："子思，仲尼之孙，得其祖之道，述《中庸》四十七篇以传于孟轲。"然自焦竑已辨其误妄，① 而不及崔梁之明辨，后儒辨之者尤夥，取足证实，不务多引，全书皆本此旨。

儒家道术，盖衰微矣。

《孟子·离娄篇》：君子之泽五世而斩，小人之泽五世而斩，予未得为孔子徒也，予私淑诸人也。

汉班固《汉书·艺文志》：仲尼殁而微言绝，七十子丧而大义乖。

汉赵岐《孟子·题辞》：先王大道，陵迟隳废，异端并起，若杨朱墨翟放荡之言以于时惑众者非一。孟子悯悼尧舜汤文周孔子之业，将遂湮微，正途壅底，仁义荒怠，佞伪驰骋，红紫乱朱。

杨朱墨翟之流，其身虽死，其学徒充斥天下，奔走号呼，喧靡一世。

任公师《墨子学案》附录二《墨子年代考》：墨子卒于周安王中叶，（十二年至二十年之间）（西纪前三九〇至三八二）约当孟子生前十余年。

胡适之《中国哲学史大纲》第七篇《杨朱》：杨朱的年代颇多异说。

_____

① 焦氏笔乘有孟子非受业子思一篇。

有的说他上可以见老聃，有的说他下可以见梁王。据《孟子》所说，那时杨朱一派的学说已能和儒家墨家三分中国，大概那时杨朱已死了。《杨朱篇》记墨子弟子禽子与杨朱问答。此节以哲学史的先后次序看来，似乎不甚错。大概杨朱的年代当在西历纪元前四四〇年与三六〇年之间。

案唐擘黄①作《杨朱考》②《杨朱考补证》③ 谓杨朱"略生存于西纪前三六〇至三〇〇年"。如此则与孟子同时矣。细玩《孟子》文，似非同时人，余仍祖胡氏之说。

《墨子·公输篇》：墨子说楚王曰："臣之第子禽滑等三百人。"

《孟子·滕文公篇》：杨朱墨翟之言盈天下，天下之言，不归杨则归墨。又《尽心篇》：逃墨必归于杨，逃杨必归于儒。

《吕氏春秋·尊师篇》：孔墨徒属弥众，弟子弥丰，充满天下。又《当染篇》：孔墨之后学显荣于天下者众矣，不可胜数。

案孙诒让《墨子闲诂》附有《墨学传授考》，任公师《墨子学案》附有《墨者及墨学别派》，读之可知墨学之势力矣。

兼之列国并峙，需材孔亟，贵族阀阅之阶级已破，言论自由之趋势已成，姬周数百年右文之所蕴蓄，战国社会急剧变迁之所簸荡，九流十家，继轨并作。

案任公师《中国学术思想变迁之大势》，谓战国学术发达之原因有七事，曰由于蕴畜之宏富也，曰由于社会之变迁也，曰由于思想言论之自由也，曰由于交通之频繁也，曰由于人才之见重也，曰由于文字之趋简也，曰由于讲学之风盛也。文长不具引。

---

① 钺。
② 见《东方杂志》第二十二卷第六号。
③ 同第十六号。

其在墨家，则禽滑釐夷之等倡其兼爱之义。

《孟子·滕文公篇》：墨者夷之因徐辟而求见孟子，……夷之曰："儒者之道，古之人若保赤子，此何谓也？之则以为爱无差等。施由亲始。"

案孟子之生，墨子卒始十年，其弟子及再传弟子与孟子同时者必甚夥，所以谓杨墨之言盈天下，不过其名不见《孟子》书耳。

而别墨复为坚白同异之辩，开后来名家之先。

《庄子·天下篇》，相里勤之弟子，五族之徒，南方之墨者苦获己齿邓陵子之属，俱诵《墨经》，而倍谲不同，相谓别墨；以坚白同异之辩相訾，以觭偶不仵之辞相应。

而法家商鞅辈，著其富国强兵之言。

《史记·孟子荀卿列传》：当是时秦用商鞅，富国强兵。

案法家之学，虽至申韩而始告大成，而自管子以来，已继长增高，日臻发展。《韩非子·五蠹篇》曰："藏商管之法者家有之，……藏孙吴之法者家有之。"可知申韩以前，法家已极为发达，而孟子时固甚盛也。

又案《孟子·告子篇》曰："今之事君者曰，我能为君辟土地，充府库，今之所谓良臣，古之所谓民贼也。"可见当时为狭义之功利学说者甚多。

兵家孙子吴起者流，进其战胜攻取之策。

《史记·孟子荀卿列传》："楚魏用吴起，战胜弱敌；齐威王宣王用孙子田忌之徒，而诸侯东面朝齐。"

案《孟子·告子篇》曰："今之事君者曰，……我能为君约与国，战必克，今之所谓良臣，古之所谓民贼也。"又曰："鲁欲使慎子为将军，孟子曰：'不教民而用之，谓之殃民；殃民者不容于尧舜之世；一战胜齐，遂有南阳，然且不可。'慎子勃然不悦曰：'此则滑釐所不识也。'"又《尽心篇》曰："我善为陈，我善为战，大罪也。"则当时倡攻战之说者，固亦众矣。

道家，则庄周倡言自然。

《史记·老子韩非列传》：庄子散道德放论，要亦归之自然。

案庄子生存，约当西历纪元前三七〇年至三〇〇年之间，与孟子时相先后，详见拙著《庄子学案》，兹不多及。

农家，则许行力主并耕。

《孟子·滕文公篇》：有为神农之言者许行。……陈相见孟子，道许行之言曰："滕君则诚贤君也；虽然，未闻道也。贤者与民并耕而食，饔飧而治。今也滕有仓廪府库，则是厉民以自养也，恶得贤？"

而告子谓性无善恶，仁内义外。

《孟子·告子篇》：告子曰："性犹湍水也，决诸东方则东流，决诸西方则西流；人性之无分于善恶也，犹水之无分于东西也。"又曰："食色性也，仁内也，非外也，义外也，非内也。"

案告子之言，始终发挥性无分善恶及仁内义外，朱子谓其屡绌屡变，非也。

又案当时论性者，除告子外，尚有二说：《孟子·告子篇》"或曰：
'性可以为善，可以为不善；是故文武兴则民好善，幽厉兴则民好暴。'或
曰：'有性善，有性不善；是故以尧为君而有象，以瞽瞍为父而有舜，以
纣为兄之子且以为君，而有微子启王子比干。'"

宋子言见侮不辱，尚利弭争。

《孟子·告子篇》：宋牼将之楚，孟子遇于石丘，曰："先生将何之？"
曰："吾闻秦楚构兵，我将见楚王说而罢之；楚王不悦，我将见秦王说而
罢之；二王我将有所遇焉。"曰："轲也请无问其详，愿闻其指，说之将何
如？"曰："我将言其不利也。"

《庄子·天下篇》：不累于俗，不饰于物，不苟于人，不忮于众，愿天
下之安宁以活民命，人我之养毕足而止，以此自心。古之道术有在于是
者，宋钘尹文闻其风而悦之。作为华山之冠以自表，接万物以别宥为始，
语心之容命之曰心之行，以聏合驩，以调海内，请欲置之以为主。见侮不
辱，救民之斗，禁攻寝兵，救世之战。以此周行天下，上说下教，虽天下
不取，强聒而不舍者也。

案宋钘即宋牼，亦作宋荣子，庄子《逍遥游篇》《天下篇》，荀子
《非十二子篇》《强国篇》《正论篇》《解蔽篇》，韩非子《显学篇》，于宋
子学说，均有论述，根泽有《宋子学说考》一文，兹不多引也。

此外言之成理，持之有故，卓然成一家学说者，不可
胜数。

案《汉志》所载诸家之书，与孟子同时者，不下数十种，不过今多佚

耳。至于立说而未成书，成书而不及至班固而亡，尚当甚多，惜书阙有间，无从稽考。然就周秦及两汉之书，探讨钩稽，亦当不下数百种，余久思为《周秦佚子学说考》一书，惜未遑也。①

而苏秦张仪公孙衍淳于髡之徒，复逞其捭阖飞箝之术，纵横短长之技，哗世惑众，助长祸乱。

《孟子·滕文公篇》：景春曰："公孙衍张仪，岂不诚大丈夫哉！一怒而诸侯惧，安居而天下息。"又《离娄篇》：淳于髡曰："男女授受不亲，礼与？"孟子曰："礼也。"曰："嫂溺则援之以手？"曰："嫂溺不援，是豺狼也。男女授受不亲，礼也；嫂溺援之以手者，权也。"曰："今天下溺矣，夫子之不援何也？"曰："天下溺，援之以道；嫂溺援之以手；子欲手援天下乎？"

案《告子篇》尚有淳于髡言，不具引。苏秦虽不见《孟子》书，亦实与孟子同时，秦及见齐湣王，《国策》载秦说齐闵王云云，闵王即湣王也。

又案《孟子·离娄篇》曰："善战者服上刑，连诸侯者次之。"《史记·孟子荀卿列传》曰："天下方务于合纵连横。"则当时之纵横家，固披靡一世，即《国策》所载，亦数十人，此举其大者，其小者亦包举在内也。

一时诸国君相，又多急功好利之人。

案即《孟子》一书观之，梁惠王一见即问何以利吾国，齐宣王一见即问齐桓晋文之事，则时君之心理，可以睹矣。

①　马国翰玉函山房辑佚书严可均全上古三代秦汉三国六朝文，所辑已不少；但止辑其言，而不辑他人评论，且对其人之生存时代，学说概况，概未稽讨，则亦仍为材料书耳。

内之，聚敛民财，以供无餍之欲。

案《论语》哀公对有若曰："二吾犹不足，"知春秋时已为什二之税。浸淫至于战国多事之秋，不惟税额有增无减，且巧立名目以横征暴敛矣。故孟子力主去关市之征，夫里之布，而慨乎言："有布缕之征，粟米之征，力役之征，君子用其一缓其二，用其二而民有殍，用其三而父子离。"①

又案齐宣王一列国诸侯也，而有囿方四十里，则当时各国君上厉民以自养之情况，可以推知。孟子之对邹君也，曰："凶年饥岁，君之民老弱转乎沟壑，壮者散而之四方者，几千人矣，而君之仓廪实，府库充。"盖列国君主，知有己而不知有民，苛敛横征，以供一己无餍之欲，各国莫不然矣。

外之，互相侵伐，置涂炭人民于不顾。

《孟子·离娄篇》：争地以战，杀人盈野；争城以战，杀人盈城，此所谓率土地而食人肉，罪不容于死。

汉刘向《战国策·目录序》："至秦孝公捐礼让而贵战争，弃仁义而用诈谲，苟以取强而已。夫篡盗之人，列为侯王，诈谲之国，兴立为强，是以转相放效，后生师之，遂相吞灭，并大兼小，暴师经岁，流血满野，父子不相亲，兄弟不相安，夫妇离散，莫保其命，湣然道德绝矣！晚世益甚，万乘之国七，千乘之国五，敌侔争权，盖为战国。贪饕无耻，竞进无厌，国异政教，各自判断，上无天子，下无方伯，力功争强，胜者为右，兵革不休，诈伪并起。"

---

① 尽心篇。

士庶黎民，则一以异说并起，道德之标准律亡，不足以一道同风，而足以增其敢于为恶之气；一以社会剧变，生活之基础动摇，不足以敦品励行，而足以逼其至于寡廉鲜耻一途，士无定主，民无恒心，尚权诈而贱笃诚，趋淫泆而卑质朴。

清顾炎武《日知录》卷十三《周末风俗》：显王三十五年丁亥之岁，六国以次称王，苏秦为从长。自此之后，事乃可得而纪。自《左传》之终以至此，凡一百三十三年，史文阙轶，考古者为之茫昧。如春秋时犹尊礼重信，而七国则绝不言礼与信矣；春秋时犹尊周王，而七国则绝不言王矣；春秋时犹严祭祀重聘享，而七国则无其事矣；春秋时犹论宗姓氏族，而七国则无一言及之矣；春秋时犹宴会赋诗，而七国则不闻矣；春秋时犹赴告策书，而七国则无有矣；邦无定交，士无定主：此皆变于一百三十三年之间，史之阙文，而后人可以意推者也。又《秦纪会稽山刻石》：惟会稽一刻，其辞曰："饰省宣义，有子而嫁，倍死不贞；防隔内外，禁止淫泆，男女絜诚。夫为寄豭，杀之无罪，男秉义程；妻为逃嫁，子不得母，[1]咸化廉清。"何其繁而不杀也！考之《国语》："自越王勾践栖于会稽之后，惟恐国人之不蕃，令壮者无取老妇，老者无取壮妻，女子十七不嫁，其父母有罪，丈夫二十不取，其父母有罪，生丈夫二壶酒一犬，生女子二壶酒一豚，生三人公与之母，生二人公与之饩。"《内传》子胥之言，亦曰："越十年生聚。"《吴越春秋》至谓"勾践以寡妇淫泆过犯皆输山上，士有忧思者，令游山上以喜其意"。当是时，盖欲民之多而不复禁其淫泆。传至六国之末，而其风犹在，故始皇为之厉禁，而特著于刻石之文。

---

[1] 母云者，母之也。

以云学术，固极发达；以云世风，则丧乱极矣。孟子之幼，靡得详焉。

清崔述《孟子事实录·列女传》云："孟轲之母，其舍近墓，孟子之少也，嬉戏为墓间之事，踊跃筑埋，孟母曰：'此非所以居子也。'乃去舍市，其嬉戏为贾衒，孟母曰：'此非所以居子也。'乃徙舍学宫之旁，其嬉戏乃设俎豆揖让进退，孟母曰：'此真可以居子矣。'遂居之。"余案孟母教子之善，当非无故而云然者，即三迁之事，亦容或有之。然谓孟子，云云者，则必无之事也。孔子曰："准上智与下愚不移。"孟子曰："豪杰之士，虽无文王犹兴。"人之相远，固由于习，然大贤之生，必与众异，必不尽随流俗为转移，孟子虽幼，安得遂与市井墟墓之群儿无以异乎？孟子曰："舜之居深山之中，与木石居，与鹿豕游；及其闻一善言，见一善行，若决江河，沛然莫之能御也。'然则孟子亦当如是。使孟子幼时绝不知自异于群儿，则孟子壮时亦安能自异于战国纵横之徒哉？且孟母既知墓侧之不可居，则何不即择学宫之旁而迁之，而乃又卜居于市侧乎？《国语》称文王曰："在母弗忧，在傅弗勤。"《列女传》云："文王生而明圣，太任教之以一而识百。"从世儒者，遂谓文王生有圣德，太王知其必能兴国，故舍泰伯而传国焉。夫同一圣人也，文王则生而即为圣人，孟子则幼时无少异于市井小儿，一何其相去之悬绝乎？盖凡称圣人者，欲极形容其人之美，遂不复顾其事之乖，其通病然也。故欲明太任之胎教，遂谓文王之圣，生而已然；欲明孟母之善教，遂谓孟子之幼，毫无异于庸愚。其实圣人之为圣人，亦必由渐而成；圣人幼时，遂未即为圣人，而亦必不与流俗同也。善读书者，当察其意所在，不必尽以为实然也。故今不载此事。

又：《韩诗外传》云："孟子少时诵，其母方织，孟子辍然中止，乃复进，其母引刀裂其织，以此诫之。孟子问其母曰：'东家杀豚何为？'母曰：'欲啖汝。'其母自悔，乃买东家豚肉以食。"余按自裂其织，以喻学之不可中辍，理固当然。然且思且诵，岂无中止之时，乃责其声之必无断续乎？至于啖汝云者，不过一时之戏言耳，其失甚少，因悔此一戏，而遂买肉以弥缝之，是教以文过遂非也，孟母何反出于此乎？此皆说者欲极形容孟母之善教而附会之反失其正者，皆不可信，故今并不录。

案崔氏疑三迁断机买豚三事为后人附会，其识卓矣。而世人贵远贱近，习非为是，以谓此等出之圣人之身，著之先哲之书，乌得疑之？而崔氏之说，亦有未能折服谬悠之口者，爰为申其绪蕴：战国之时，民人居处，率为房屋，倘非极贫，皆有土田，非若远古游牧之民，迁徙流转，甚易易也。孟子而富耶？家产浩大，迁移非易；孟子而贫耶？居室院宇，置备维艰，孟母以一弱女子，^① 而能一迁再迁，谭笑立举，谁其信之。且舍即近墓，墓亦不致日日筑埋，孟子何能一二见而遽踊跃效之乎？以孟母之贤，怵于墓侧之不可居，决不再徙市旁，崔氏之说韪矣。至断机云云，崔氏所引《韩诗》之言如此，而《列女传》所载，则与此异：《列女传》曰："孟子之少也，既学而归，孟母方织，问曰：'学所至矣？'孟子曰：'自若也。'孟母以刀断其织，孟子惧而问其故，孟母曰：'子之废学，若吾断斯织也。夫君子学以立名，问以广知，是以居则安宁，动则远害。今而废之，是不免于厮役而无以离于祸患也，何异于织绩而食，中道废而不为，宁能衣其夫子而长不乏粮食哉？女则废其所食，男则堕于修德，不为窃盗，则为虏役矣。'孟子惧，旦夕勤学。"二书同出先汉，不同若此，《韩诗》是耶？《列女》必非；《列女》是耶？《韩诗》必谬；信古者，又何从信之？且诵而中止，遽断其织，固不合理。问所至而答自若，自一面言，乃谦抑之辞；别一面言，亦漫应之语，何遽勃然大怒，引刀断机。至买豚之事，崔氏已能辩之详矣。总之，此等事。皆孟子所谓好事者为之也。东周之末，诸子辈出，各标论说，惧空言之不信，造为故事或援引神

---

① 古谓孟父早卒，其实不然；但孟子之幼孟父似远游于外，说见前。

话以实之。时代愈古，神话愈多，附之何人，原无一定；伪造之故事，更无论焉。上者犹为时之可值，事之可有；下者论其时代，则舛错不相及，语其性质，则枘凿不兼容；意在明理，本非史实，学者以为考异之资则可，以为历史材料，不为古人所笑乎？古书之亡者，无得论矣，即存者而论，若《庄子》所引屈《骚》所言，安能尽信为实，班固列渔父于《人表》，取讥通儒。非其例欤？韩婴刘向之书，其所载故实，太半取之诸子，其不可尽信，与诸子等。后世史家，出于诸子者则不信，见于《韩诗》《列女》者则信之，此怛于韩刘为赫赫之儒家故也。无论儒家所引，未必尽实；① 而韩刘所据，概为子书，不信出处，而信运贩，倘亦"曾经圣人手，议论安敢到"乎？而韩刘又非圣人也。而孟衍泰《三迁志》变本加厉，谓"孟母断机祠，在邹县东南隅，曝书台西，去子思书院仅百步"，伪造古迹，一并置信，更无足取。

及稍长，从学于子思门人。

《史记·孟子荀卿列传》：受业子思门人。

案有谓亲师子思者，非也，说见前。又《孟子外书》谓："子思之子曰子上，轲尝学焉。"吕元善《圣门志》谓"孟子十五岁，就学于鲁"。皆无稽之言，未敢置信。

受儒家之业，习孔氏之书。

汉赵岐《孟子·题辞》：治儒术之道，通五经，尤长于诗书。

清顾炎武《日知录》卷七《孟子引论语》：《孟子书》引孔子之言凡

---

① 孟子且谓尚书不可尽信。

二十有九，其载于《论语》者八，① 又多大同而小异。

以当世之人，无足师效，尚友古圣，欲学孔子。

《孟子·离娄篇》：规矩，方圆之至也；圣人，人伦之至也。

又《公孙丑篇》：非其君不事，非其民不使，治则进，乱则退，伯夷也。何事非君，何使非民，治亦进，乱亦进，伊尹也。可以仕则仕，可以止则止，可以久则久，可以速则速，孔子也。皆古圣人也，吾未能有行焉，乃所愿则学孔子也。

又《离娄篇》予未得为孔子徒也，予私淑诸人也。

案孟子平日啧啧称道之古圣先贤，考之其书，盖已众矣，兹难具引。然惟孔子为其拳拳服膺衷心悦而愿学者也；其他皆师其一端，学其一行也。

其志大，其取则远，故能矗立于战国衰乱之世，俗愈卑而己愈高，众愈污而己愈洁，出处进退辞受取予之间，峻立防闲。

《孟子·滕文公篇》：古之人未尝不欲仕也，又恶不由其道；不由其道而往者，与钻穴隙之类也。

又：曾子曰："胁肩谄笑，病于夏畦。"子路曰："未同而言，观其色赧赧然，非由之所知也。"由是观之，则君子之所养可知矣。

又：非其道，则一箪食不可受于人，如其道，则舜受尧之天下不以为泰。

---

① 学不厌而教不倦，里仁为美，君薨听于冢宰，大哉尧之为君，小子鸣鼓而攻之，吾党之士狂简，乡原德之贼，恶似而非者。

又:《离娄篇》:人之所以求富贵利达者,其妻妾不羞也。

又:《尽心篇》:天下有道,以道殉身;天下无道,以身殉道;未闻以道殉乎人也。

又:王子垫问曰:"士何事?"孟子曰:"尚志。"曰:"何谓尚志?"曰:"仁义而已矣。杀一无罪非仁也,非其有而取之非义也。居恶在? 仁是也。路恶在? 义是也。居仁由义,大人之事备矣。"

案孟子此类言论,举不胜举。又如不见诸侯,仕不受禄,齐馈金而不受,宋薛馈金则受,皆于出处辞受峻立防闲者也。

尝曰:"居天下之广居,立天下之正位,行天下之大道,得志与民由之,不得志独行其道,富贵不能淫,贫贱不能移,威武不能屈。"盖自道也。

案见《滕文公篇》。

孟子之学,植基性善,而以仁为归宿。

案孟子言性善言仁者,几于全书皆是,不胜枚举,必寻例证,则全书造端,即告梁惠王曰:"亦有仁义而已矣。"初见滕文公,即对之"道性善"也。① 又案朱彝尊《经义考》载陈渊之言曰:"《孟子》七篇,专发明性善。"似之而非也。孟子之学,虽以性善为出发点,而非以性善为最终目的;最终目的,仁也。其所以谓性善者,为推行仁义也。《告子篇》"告子曰:'性犹杞柳也,义犹杯棬也,以人性为仁义,犹以杞柳为杯棬也。'孟子曰:'子能顺杞柳之性而以为杯棬乎? 将戕贼杞柳而后以为杯棬也?

---

① 滕文公篇。

如将戕贼杞柳而以为杯棬，则亦将戕贼人以为仁义与？率天下之人而祸仁义者，必子之言夫！'"然则孟子所以谓性善，所以谓仁义为性所固有，以如此则可顺人之性以为仁义，可率天下之人而利仁义。盖怵于战国人心之险恶诈谲，而冀唤起其善性以渐至于仁也。不然，孟子岂不知人性亦有不善哉？《尽心篇》："口之于味也，目之于色也，耳之于声也，四肢之于安佚也，性也，有命存焉，君子不谓性也。"则性有不善，孟子亦知之，特不言耳，恐言之而人藉口于性而不行仁耳。

仁者何？孟子自释曰："仁也者人也，合而言之道也。"

案见《尽心篇》。

郑康成之释曰："仁读如相人偶之仁，""人也，施以人恩也。"

案前者见《中庸》"仁者人也"注，后者见《表记》"仁者人也"注。

然则仁之义无他，人与人相偶相亲之道也。

清阮元《论语论仁论》：元窃谓诠解仁字，不必烦称远引，但举《曾子·制言篇》"人之相与也，譬如舟车然，相济达也：人非人不济，马非马不走，水非水不流，"及《中庸篇》："仁者人也。"郑康成注："读如相人偶之人"数语，足以明之矣。春秋时孔门所谓仁也者，以此一人与彼一人相人偶而尽其敬礼忠恕等事之谓也。相人偶者，谓人之偶之也。凡仁必于身所行者验之而始见，亦必有二人而仁乃见；若一人闭户斋居，瞑目静坐，虽有德理在心，终不得指为圣门所谓之仁矣。盖士庶人之仁，见于宗族乡党，天子诸侯卿大夫之仁，见于国家臣民。同一相人偶之道，是必人与人相偶而仁始见也。任公师《先秦政治思想史》：孔子曰："仁者人也。"① 此言"仁"之概念与"人"之概念相函；再以今语释之，则仁者，人格：之表征也。故欲知"仁"之为何，当先知"人"之为何。"人"何以名？吾侪因知有我，故比知有人。我圆颅而方趾，横目而睿心，因此凡见颅趾目心同于我者，知其与我同类，凡属此一类者，锡予以一"大共名"谓之"人"。人也者，通彼我而始得名者也。彼我通，斯为仁。故"仁"之字从二人；郑玄曰："仁，相人偶也。'，② 非人与人相偶，则"人"之概念不能成立。申言之，若世界上只有一个人，则所谓"人格"者决无从看出。人格者，以二人以上相互间之"同类意识"而始表现者也。既尔，则亦必二人以上交相依赖，然后人格始能完成。

及其倡行，则每辅之以义理礼智。

《孟子·公孙丑篇》：恻隐之心，仁之端也；羞恶之心，义之端也：恭敬之心，礼之端也；是非之心，智之端也。

又《尽心篇》：心之所同然者何也；理也，义也。圣人先得我心之所同然耳。故理义之悦我心，犹刍豢之悦我口。

案孟子言仁义礼智之处太多，不能备载，斯略举例证耳。

义者，裁制事物之宜，

《礼记·中庸篇》：义者宜也。

---

① 中庸。
② 礼记注。

汉刘熙《释名》：义，宜也，裁制事物使各宜也。

理者，条分缕析使不爽。

清戴震《孟子字义疏证》：理者，察之几微必区以别之名也，是故谓之分理。在物之质曰肌理，曰腠理，曰文理。得其分则有条而不紊，谓之条理。孟子称孔子之谓集大成曰："始条理者智之事也，终条理者圣之事也"圣智至孔子而极其盛，不过举条理以言之而已矣。……天下事情条分缕晰以仁且智当之，岂或爽失几微哉？① 《中庸》曰："文理密察，足以有别也。"《乐记》曰："乐者，通伦理者也。"郑康成注云："理，分也。"许叔重《说文解字序》曰："知分理之可相别异也。"古人所谓理，未有如后儒之所谓理者矣。

礼以节文，智以察理，

《孟子·离娄篇》：仁之实，事亲是也；义之实，从兄是也：智之实，知斯二者弗去是也；礼之实，节文斯二者是也。

皆所以导人于仁也。孔子罕言性，孟子则倡言性善；孔子止言仁，孟子则兼言理义。

《论语·公冶长篇》：子贡曰："夫子之言性与天道，不可得而闻也。"
案《论语·卫灵公篇》：子曰："群居终日，言不及义。"又曰："君子义以为质。"又于《阳货篇》曰："君子义以为上；君子有勇而无义为乱，

---

① 根泽案晰应作析。

小人有勇而无义为盗。"然迳无仁义连言者，且言义远不及言仁之多也。

此固由于二圣之思想，微有不同。亦以孔子之时，时未大乱，人未尽浇，诱导使仁，即能收效于一二。

案孔子言仁，谓"己欲立而立人，己欲达而达人。"又常辅之以恕，恕者如心也，推己心之欲恶，以度人心之欲恶，所谓"己所不欲勿施于人"也。纯属诱导，毫无限制也。

及乎孟子，丧乱已极，人心益诈，纯恃诱导，不克有功，故不得不辅之以含有限制性之理义；言如此则可，背此则非，严厉督责，使之渐趋于仁焉。世人谓孟子并重仁义，其实不然。

清阮元《孟子·论仁论》：后儒谓孟子并重仁义，不知孟子大指以仁为重，义礼智但因四端而并言之。

案《公孙丑篇》曰："夫仁，天之尊爵也，人之安宅也，莫之御而不为，是不智也。不仁不智，无礼无义，人役也。"然则不仁则不智矣，则无礼无义矣，益足证礼义智为仁之辅。参看《孟子·学案》第三章《孟子之人生哲学》。

即其言性善者，亦怵于战国人士之丧心病狂，奸险恶狠，倡言性善，冀以唤起其良心，而依仁蹈义耳。

案说见前。

乃至孔子惟不攻异端，孟子则大辟邪说，孔子且欲无言，孟子则哓哓争辩；亦因孔子之时，异端尚未大炽，孟子之时，则群说杂出，欲昌己道，必辟彼说，所谓"杨墨之道不息，孔子之道不著，是邪说诬民充塞仁义"者也。

《论语·为政篇》：子曰："攻乎异端，斯害也已。"《注》"攻，治也。"

又《阳货篇》：子曰："予欲无言。"

《孟子·滕文公篇》：公都子曰："外人皆称夫子好辩，敢问何也？"孟子曰："予岂好辩哉？予不得已也！……圣人不作，诸侯放恣，处士横议，杨朱墨翟之言盈天下，天下之言，不归杨，则归墨。杨氏为我，是无君也，墨氏兼爱，是无父也：无父无君，是禽兽也。……杨墨之道不息，孔子之道不著，是邪说诬民充塞仁义也。仁义充塞则率兽食人，人将相食。吾为此惧，闲先圣之道，距杨墨，放淫辞，邪说者不得作。……昔者禹抑洪水而天下平，周公兼夷狄驱猛兽而百姓宁，孔子成《春秋》而乱巨贼子惧。……我亦欲正人心，息邪说，距诐行，放淫辞，以承三圣者。予岂好辩哉？予不得已也。能言距杨墨者，圣人之徒也。"

后儒不察先哲所处之时代不同，环境不同，而妄以此判其优劣。孟不及孔，固无待言，而以此为标准，则殊大谬。甚矣！不知其世。不可遽论其人也。

《孟子·万章篇》：诵其诗，读其书，不知其人可乎？是以论其世也。

周慎靓王元年，梁惠王卑礼厚币。以招贤者，孟子至梁，梁王问何以利吾国？孟子曰："亦有仁义而已矣，何必曰利？"于时梁惠王后元十五年，西历纪元前三百二十年，孟子盖已五十余岁矣。

《孟子·梁惠篇》：孟子见梁惠王，王曰："叟不远千里而来，亦将有以利吾国乎？"孟子对曰："王何必曰利？亦有仁义而已矣。王曰何以利吾国，大夫曰何以利吾家，士庶人曰何以利吾身，上下交征利，而国危矣。万乘之国，弑其君者，必千乘之家；千乘之国，弑其君者，必百乘之家：万取千焉，千取百焉，不为不多矣；苟为后义而先利，不夺不餍。未有仁而遗其者亲也，未有义而后其君者也。王亦曰仁义而已矣，何必曰利？"

《史记·魏世家》：三十五年，与齐宣王会于阿南。惠王数败于军旅，卑礼厚币，以招贤者，邹衍淳于髡孟轲皆至梁。梁惠王曰："寡人不佞，兵三折于郊，太子虏，上将死，国以空虚，以羞先君宗庙社稷，寡人甚丑之，叟不远千里，辱幸至弊邑之廷，将何以利吾国？"孟轲曰："君不可以言利若是。夫君欲利则大夫欲利，大夫欲利则庶人欲利，上下争利，国则危矣。为人君仁义而已矣，何以利为？"

清张宗泰《孟子七篇诸国年表》：《朱子集注》以取少梁为丧地于秦之一事，然考事在惠王十七年，马陵之败在三十年，惠王之言，不应叙秦于齐之后。况所谓"后魏又献地于秦，"是亦疑少梁不足以当七百里，而又以予秦河西之地，入上郡于秦，皆襄王时事，惠王无由预知而言之，故为是浑棐之词。颐处士宁人及江明经慎修，皆据《竹书纪年》惠王三十六年改元称一年之说，并考孟子至梁，当在惠王后十六年。① 今如其说，则与襄陵之败，皆惠王时事，又皆在孟子未适梁以前，宜惠王得而言之矣。《史记·魏世家》惠王与齐战者三，② 与秦战者四，③ 互十六年，独无与楚相涉之事。太史公不知梁惠王改三十六年为一年，而又不得与楚战实迹，故易其词曰，"兵三折于外。"夫楚败我襄陵，史书于襄王十二年，朱子岂不读《史记》者，而于南辱于楚，独引与昭阳战败亡邑之事以当之。盖朱子亦知史误分惠成王④之世以为二王年数，特不明据《竹书》耳。何阎徵君百诗以为《集注》之讹，自诩承讹历五百年，辨之自今日始乎？⑤ 或曰："信如《纪年》方与丧地于秦，见辱于楚之事合，则改元之说审矣。而孟子至梁，或如《史记》仍在三十五年，应无不可。即云秦楚事皆在改元以后，安知孟子不自三十五年至梁，历十八年逮襄王立而后去、惠王与孟子言之时，岂定在初见数年，而必移易至梁之年乃始无抵牾也？""顾尝论《孟子》七篇言齐事者多，言梁事者少，若果至十八年之久，不应梁事反

① 顾宁人曰："书中齐事特多，又尝为卿于齐，当有四五年。若适梁乃惠王之末，而襄王立即行，故梁事不多，谓孟子以惠王三十五年至梁者，误以惠王之后元年为襄王之元年故也。"江慎修曰："孟子至梁在惠王之来年，故有见襄王事。然惠王三十六年，改元称一年，后又十七年卒，则招贤事当在后元之十六年。"

② 三年，齐败我观，十八年，齐救赵，败**魏桂陵**；三十年，与齐人战，败于马陵，虏太子申，即惠王所谓东败于齐长子死焉者也。

③ 五年，武堵为秦所败；九年，与秦战少梁，虏我将公孙痤，取庞；十七年，与秦战元里，取我少梁；二十一年，秦将商君诈虏公子印而袭夺其军。

④ 纪年惠王作惠成王。

⑤ 按徵君不信纪年，云："六国表魏世家并云子罃生于魏文侯二十五年辛巳，三十八年文侯卒，武侯立，凡十六年而后惠王立，是年已三十矣。若如纪年文侯五十年卒，武侯二十六年卒，以生辛巳计之，惠王元年已五十三，立三十五年卒已八十八，更以襄王十六年为改元后之年，不一百有四岁乎？纪年之不可信如此。"夫子罃生于文侯二十五年，自是《史记》之文，纪年不云也。以今本纪年考之，武侯十六年卒，与世家年表同，恐索隐所引，误以十为二十。即如《史记》惠王生于辛巳，考今本纪年，辛巳后十三年而文侯卒，惠王止年十四耳；又十六年而立，午亦三十，与史不殊。再益以前三十五年，后十七年，共得年八十二，不得百有四岁也。况太史公六国表明云："秦既得天下，烧诗书，诸侯史记尤甚；诗书所以复出者，多藏人家，而史记独藏周室，以故灭。独有秦纪，又不载日月，其文略不具。"又云："于是因秦纪，踵春秋之后，起周元王，表六国时事，讫二世。"是太史公所据者秦纪，而纪年本魏之史记，据秦人言魏事，不若据魏人言魏事也。语云："以子之矛，刺子之盾。"今以太史公之矛，刺魏史官之盾，而云其书不可信，其不考也甚矣。

少于齐事。况《史记》既云，'襄王元年，与诸侯会徐州，相王也，追尊父惠王为王。则是惠王三十六年以前，尚未称王。而孟子千里来见之初，即称之曰王，其为改元之后至梁无疑。至梁既在改元之后，而惠王复胪陈三事以质之，又下章即接见梁襄王，非后十六年而何？至者改元，实缘称王，则顾宁人江慎修曾详论之。①

清施彦士《读孟质疑·游梁岁月考辨·上》：考南辱于楚事，《纪年》书后元十二年，楚败我襄陵。《楚世家》怀王六年戊戌，使柱国昭阳将兵攻魏，破之于襄陵，得八邑。《魏世家》及《六国表》并同；所异者，以后元十二年为襄王十二年耳。阎百诗过信《史记》年次，因以南辱于楚事为不可考，只宜阙疑。且力诋《集注》之讹，以为孟子适梁的在乙酉，岂容预及十三年后事。殊不知惠王非预及之，乃追叙之。孟子至魏，断在后元十二年戊戌后也。间不过一二年，惠卒襄立而去，则南辱于楚，既非无据，而孟子游梁岁月，亦概可知矣。……又《游梁岁月考辨·下》：余既以惠王后元十二年与楚将昭阳战事为追叙语，夫亦足以证《纲目》及《史记》惠王三十五年孟子至梁之误矣。顾周理衷云："《战国策》载魏围赵邯郸，楚使景舍救赵，取魏睢涉之间，乃惠王三十五年以前事，包少东以此事为梁惠王所称南辱实证。侯季华亦从之。"愚谓以取睢涉为南辱之一则可，以南辱为不指昭阳之战则不可，以南辱为不指昭阳而并谓惠王无改元事，孟子真三十五年至梁，则尤大不可。何言之？惠王之改元，以称王也。顾亭林云："《魏世家》襄元年与诸侯会于徐州，相王也，追尊父惠王为王。而《孟子书》其对惠王：无不称之为王，则非追尊之辞明矣。司马子长亦知其不可通，而改之曰君。然《孟子》之书，出于当时，不容误也。近侯季华谓《孟子书》成于后，故竟称王。然书既不成于梁，孟子于梁又未定君臣之分，胡为以彼追尊者改其称而没其实？且追尊者而必当改

---

① 顾宁人曰："秦本纪惠文王十四年，更为元年，此称王改元之证，又与梁惠王同时。"江慎修曰："惠王所以三十六年改称一年者，是年与诸侯会于徐州相王故也。前此为侯，此年改称王，故别纪一年。而史记相王之事，系于襄王元年。夫惠王已称王矣，其子又相王何为乎？史记之误明矣。"

其称，《史记》何以称之曰君？孟子不曰君而曰王，则惠王之改元称王彰彰矣。"且惠王一见孟子即称曰叟，《集注》叟长老之称，周理堂曾据《索隐》诸说，谓孟子卒于赧王二十六年，享年八十四，生于烈王四年己酉。如孟子果于惠王三十五年乙酉至梁，从生年己酉计之，才三十七岁，何以遽称曰叟？又周氏据《史记》惠王三十六年卒，惠王立，孟子去梁适齐，当宣王八九年之间丙戌丁亥岁也，计孟子才三十八九耳，又何以语公孙丑曰："我四十不动心？"此即以周氏之说，还证周氏之谬，而已无以自解矣。又况《竹书》惠王十八年，齐使楚景舍来求成，而不言取睢涉，则又安知非《楚策》之误，而可据以为南辱证哉？是又不可以不辨。

清魏源《孟子年表》：周显王三十四年，梁惠王三十六年，改元称一年。案《魏世家索隐》引《纪年》云："改元称一年者，谓即改本年为一年，与秦惠王以十四年为元年同，非若新君逾年改元也。"又："周显王四十八年，王崩。燕易王薨，子哙立。齐威王三十六年薨，子辟彊立。梁惠王后十五年，孟子至梁。又：周慎靓王元年，梁惠王卒，惠王在位五十一年。"

案除不知纪年者外，[1] 是《史记》者，惟阎百诗周理堂侯季华诸人，其说已为张施分别驳辨；焦里堂[2]吴挚甫亦是《史记》，[3] 然证佐未备，今亦不辨。自余若司马光《通鉴考异》，王应麟《困学纪闻》，顾亭林《日知录》，江永《群经补义》，周广义《孟子四考》，宋翔凤《孟子事迹考》，陈穆堂《竹书纪年集证》，林春溥《孟子时事年表》及《孟子列传纂》，梁玉绳《史记志疑》，任兆麟《孟子时事略》等书，皆是《纪年》，今皆不举；举张氏施氏魏氏三家之说，已足以明矣。但尚有两点，应为析辨：一，张宗泰据江慎修言："惠王三十六年，改元称一年，后又十七年卒。"则惠王在位前后计五十二年。而魏源谓五十一年，言案"《魏世家索隐》

---

① 知而不言，亦以不知论。
② 见《孟子正义》。
③ 见桐城吴先生全书答张星阶书，亦见《孟子文法读本》。

引《纪年》云，'改元称一年者，谓即改本年为一年云云'"。但检《魏世家索隐》，只言"《纪年》云，'惠成王三十六年，改元称一年，"无"即改本年为一年"，不知魏氏何据。今案《魏世家集解》曰："荀勖曰：'和峤云："《纪年》起自黄帝，终于魏之今王：今王者，魏惠成王子。"案《太史公书》惠成王但言惠王，惠王子曰襄王，襄王子曰哀王；惠王三十六年卒，襄王立十六年卒，并惠襄为五十二年。'今案《古文》惠成王立三十六年，改元称一年，后十七年卒，《太史公书》为误分惠成之世以为二王年数也。"《索隐》曰："《纪年》说惠成王三十六年，又称后元一十七年卒。"而海宁王先生《古本竹书纪年辑校》有惠成王三十六年，注"《春秋经传集解后序》'惠王三十六年，改元从一年始，至十六年而惠成王卒'"后又有一年，注"《春秋经传集解后序》"。末列十六年惠成王卒，注"《春秋经传集解后序》"。《纪年》始出，杜预最先研治，其言不宜有误。裴骃司马贞年代后矣，其所见本，容有窜夺，安能舍杜氏之先而信裴氏司马氏之后乎？且史公不知惠王改元，以后十六年，误为襄王，而书襄王元年于惠王三十六年之后，不书于三十五之后；云襄王十六年卒，不云十七年卒，益足证后元自三十六年后起，非自三十六年起；后元十六年卒，非十七年卒。江慎修《群经补义》谓"惠王即位后三十七年，于是始称王而改元称一年"，是也。总之前后共五十二年，非五十一年也。二，施彦士以孟子游梁断在后元十三年戊戌后，魏源谓在后十五年，江永亦谓在十五年，[1] 王懋竑则谓在十四五年，[2] 林春溥则谓在十四年，[3] 任兆麟则谓在十四年，[4] 梁玉绳则谓在十五六年，[5] 予则右江氏十五年之说，而任氏十四年之说亦是，魏氏十五年之说则反非。江氏《群经补义》曰："孟子

---

[1] 见氏所为《群经补义》。
[2] 王氏书余未见，见林春溥《孟子时事年表引》。
[3] 见氏所为孟子时事年表及后说。
[4] 氏所为孟子时事略书孟子至魏于周显王四十八年，而于显王三十五年书魏惠王后元年，则孟子至梁固惠王后元十四年也。
[5] 见氏所为《史记志疑》。

见梁惠王，当在周慎靓王元年辛丑，是年为惠王后元之十五年。"① 今案史公不知惠王改元，以孟子游梁在惠王薨之前年，故次于三十五年；惠王又有后元十六年，则孟子游梁在其薨之前年，适为后元十五年。又桓谭《新论》："秦攻梁，惠王谓孟轲曰'先生不远千里，辱临敝邑，今秦攻梁，先生何以御乎？'"察其语句，的为对初至者口吻。《竹书纪年》："慎靓王元年辛丑，秦取我曲沃平周，二年，魏惠成王薨。"慎靓王元年，即惠成王后十五年，②《新论》惠王之言，当即指此，更足证孟子于惠王后十五年至梁也。③

明年，惠王卒。又明年，襄王元年，孟子见之，有不似人君之叹，于是去梁之齐。

《孟子·梁惠王篇》：孟子见梁襄王，出语人曰："望之不似人君。就之而不见所畏焉。"

清魏源《孟子年表》：周慎靓王二年，梁襄王元年，齐宣王二年，孟子去梁之齐。或谓惠王去年卒，安知孟子不以去年去梁？案《战国策》：惠王薨，天大雨雪，至于牛目，且为栈道而葬，群臣多谏太子云云，则惠王实卒于冬。而《孟子见梁襄王章》又明为逾年即位始见新君之时，知孟子断以是年去梁。又《孟子年表考第一：史记列传》曰："游事：齐宣王，宣王不能用，适梁。"显与本书公相愊背。而赵岐注及应劭《风俗通》，皆

① 张宗泰引江氏说，谓在后元十六年，未知何本。
② 张东泰竹年书纪年校补谓周慎靓王元年，为魏惠成王后十六年。张氏以三十六年改元为一年，改元后十七年惠成王薨，若以三十六年后改元为一年，改元后十六年薨，则仍为十五年，似异而实同也。
③ 惟史记书秦取曲沃平周事，移前二年。然以史书孟子于惠王薨之前年至梁，新论秦攻梁，惠王谓孟轲曰云云，则纪年十五年之说，似非无据。林春溥孟子年表："襄王十四年，楚破魏襄陵，得八邑，实惠王之后元十三年，所谓南辱于楚是也。其明年，秦复伐魏，取曲沃平周。"林氏亦主三十六年改元为一年，改元后又十七年，故所云十三年即十四年，而秦取曲沃平周，则在后元十五年也。

承其误。苏辙《古史》又文以先游齐，次至梁，复至齐之说。但求合史，不惜诬经。果尔，《史记》、《年表》、《世家》，何但于梁惠王之年书孟子来，而于宣王之年则不一措辞乎？……金履祥《四书考异》引《列女传·母仪篇》曰："孟子道既通，值梁招贤，乃至梁；既而去梁适齐，齐王以为上卿。"此非刘向据《孟子外书》所述先梁后齐之证，而今本无之乎？是以《竹书纪年》：惠王三十五年，为齐威王之二十六年。又十五年，惠王卒，襄王立，始为齐宣王元年，无由先见齐宣也。惟梁襄嗣位之后，值齐宣新政之初，孟子闻其足用为善，故自范之齐；又云，由平陆之齐。范，今曹州范县，平陆，今汶上县，皆梁至齐要道。由大梁至临淄千有余里，故《孟子》曰，"千里而见王。"若由邹至齐仅数百里耳。《七篇》中更无自齐适梁之迹。

案观此知孟子游仕，实先梁后齐，《史记》误矣。而去梁适齐，魏源谓在襄王元年，江永则谓在惠王后元十六年。其言曰："孟子见梁惠王，当在周慎靓王元年辛丑，是年为惠王后元之十五年，至次年壬寅惠王卒，子襄王立，孟子一见即去梁矣。"[1] 今案《公羊传》：君薨既葬称子，逾年称公。故孟子之于滕文公，始称世子，继称子，至逾年改元而称君。今对襄王称王。其为逾年改元后无疑，故魏氏之说是也。然以为梁襄王元年则是，以为周慎靓王二年则非。魏源《孟子年表考第二》曰："《索隐》所引《纪年》之文，其于周慎靓王元年，书齐威王薨，子宣王立。其明年，魏惠成王薨。其明年为今王元年。"今王即襄王，故襄王元年，实为周慎靓王三年。魏氏谓为二年者，由于误以惠王在位五十二年为五十一年。顾魏氏自引此文，完全认是，而于《年表》则谓：周慎靓王元年，梁惠王薨，二年，梁惠王元年，是何不察之甚也。然则予前谓惠王前后在位五十二年，非五十一年，益足证实矣。

――――――――

[1] 《群经补义》。

　　齐宣王问齐桓晋文之事，孟子告之以王，曰："保民而王，莫之能御也。……五亩之宅，树之以桑，五十者可以衣帛矣。鸡豚狗彘之畜，无失其时，七十者可以食肉矣。百亩之田，勿夺其时，八口之家，可以无饥矣。谨庠序之教，申之以孝悌之义，颁白者不负戴于道路矣。老者衣帛食肉，黎民不饥不寒，然而不王者，未之有也。"

　　案五亩之宅云云，《孟子书》中凡三见：一对梁惠王，一对齐宣王，均见《梁惠王篇》；一言西伯善养老，见《尽心篇》。乃孟子政策大端，故不惮啧啧称道。陈沣《东塾读书记》谓此古书之文，而孟子述之，未必然也。

　　旋仕齐为卿，出吊于滕。慎靓王四年，丧母归葬于鲁。

　　《孟子·公孙丑篇》：孟子为卿于齐，出吊于滕，
　　又：孟子自齐归葬于鲁。
　　汉赵岐《孟子公孙丑篇章句》：孟子仕于齐，丧母归葬于鲁。
　　案孟子邹人而归葬于鲁，以祖墓在鲁，其说已详载于前矣。而《齐乘》谓邹县马鞍山有孟母墓，《三迁志》谓孟母墓在今县（邹县）北三十五里。伪造古迹，世所多有，而不顾与经典违戾，亦拙矣。又案《列女传》曰："孟子处齐而有忧色，孟母见之曰：'子若有忧色何也?'孟子曰：'不敏。'① 异日闲居，拥楹而叹，孟母见之曰：'乡见子有忧色，曰

_____

① 疑有误。

不也，今拥楹而叹何也？'孟子对曰：'轲闻之，君子称身而就位，不为苟得而受赏，不贪荣禄，诸侯不听则不达其上，听而不用则不践其朝；今道不用于齐，愿行而母老，是以忧也。'孟母曰：'夫妇人之道，精五饭，幂酒浆，养舅姑，缝衣裳而已矣。故有闺内之修。而无境外之志。《易》曰，在中馈，无攸遂。《诗》曰，无非无仪，惟酒食是议。以言妇人无擅制之义，而有三从之道也。故年少则从乎父母，出嫁则从乎夫，夫死则从乎子，礼也。今子成人矣，而我老矣，子行乎子义，吾行乎吾礼。'"《列女传》一书，多附会之言，不可尽信；但于时孟父已卒，家无所依，孟子至孝，在齐为卿，决不至遗母独居于家。故拥楹云云，不敢据为史实；而与《孟书》互证，孟子确为奉母仕齐，而母且死于齐也。

清林春溥《孟子时事年表后说》：其归葬之年，任兆麟谓在慎靓王三年，曹之升谓在慎靓王四年，疑曹说得之。

案孟子终丧至齐，谓公孙丑曰："于崇吾得王，退而有去志，……继有师命，不可以请。"师命似指赧王元年宣王伐燕，[①] 由是年上数三年，适为慎靓王四年，故曹林之说是也，今从之。

又案王夫之《四书稗疏》曰："此孟子丧妻，子幼未任家政，为之治葬耳。"无征不信，可置勿论。

及周赧王元年，终丧三年，反仕于齐，有退志，不受禄。

《孟子·公孙丑篇》：孟子去齐居休，公孙丑问曰："仕而不受禄，古之道乎？"曰："非也。于崇吾得见王，退而有去志，不欲变，故不受也。继而有师命，不可以请，久于齐非我志也。"

---

① 说详后。

　　清阎若璩《四书释地》：或问"子以孟子车奉母仕于齐，……然则既殁而葬，宜终丧于家，何为而遽反于齐？"余曰："此盖终三年丧，复至齐而为卿耳，非遽也。""果尔何以为前日解？"余曰："《孟子》之书，有以昔与今对言，昔似在所远，而亦有指昨日者，'昔者辞以疾'是也。有以前日与今对言，前日似在所近，而亦有指最远者，'前日愿见而不可得'是也。夫孟子久于齐而后去，去济之日，上溯其未游齐之时，犹目之为前日，安见仅三年者而不可目以前日邪？"或讶曰："充虞蓄一疑于心，至三年一发之与？"余曰："此尤足以见孟门弟子之好问也。陈臻从于齐，于宋，于薛辞受之后而问；屋庐子从居邹处平陆，以至见季任不见储子之后而问；其事之相距，诚非止一二年，而历历记忆反复以究其师之用心者，犹一日也。夫充虞亦犹是尔。"

　　清林春溥《孟子时事年表后说》：反葬止嬴，诸说不一，惟阎潜邱谓终三年丧复至齐为卿之说为得。①

　　案孟子终三年丧，今又得二证：一，孟子之劝滕文公行三年之丧也，曰："三年之丧，齐疏之服，飦粥之食，自天子达于庶人，三代共之。"②吾侪若不能证明孟子行不顾言，则不能不谓孟子终三年之丧。且滕文公之居丧，去孟子之居丧未久也，若孟子而未行三年之丧，将何颜以劝文公？劝之而文公何能深信而不疑？邹之父兄百官何能不反舌诘辩？时之论者，何能无"所以为文公则善矣，所以自为则吾不知也"之讥？③臧仓之诋孟子于鲁平公也，后丧逾前丧，且据以为说，若孟子倡三年之丧而自己不行，臧仓何能不藉为口实？二，孟子自慎靓王三年至齐，迄赧王三年燕人

---

　　①　郝京山谓三月归葬后，反齐而拜君赐，顾亭林谓为改葬，毛西河谓反于齐者反哭之反，季彭山谓在齐居忧者三年，任钧台谓居嬴地以终丧，周柄中谓卒哭之后，反而致为卿之事于齐王，并属臆说。
　　②　滕文公篇。
　　③　公孙丑篇："孟子谓蚔蛙曰：'子之辞灵丘而请士师，似也，为其可以言也，今既数月矣，未可以言与？'蚔鼃谏于王而不用，致为臣而去。齐人曰：'所以为蚔蛙则善矣，所以自为则吾不知也。'"

畔齐而去，计六年之久，而告公孙丑曰："于崇吾得见王，退而有去志。"①
一仕六年，而言有退志，其谁欺乎？且道而可行，六年之久，应有成效，
何征之载籍而不见也？道不可行，贪恋禄位，验之孟子行事，决不出此。②
惟以中曾居丧三年，则前后两次居齐，皆不过年余日耳。终丧反齐，旋值
伐燕，所以"谓继有师命。"若初次游齐，距伐燕有六年之遥，中间又无
其他兵事，所谓"继有师命"者何所指也？

　　先是，燕王哙让国于其相子之。及是燕国大乱，齐臣
沈同以私问于孟子曰："燕可伐与？"孟子曰："可。子哙
不得与人燕，子之不得受燕于子哙。"齐人伐燕胜之。

《孟子·公孙丑篇》：沈同以其私问曰："燕可伐与？"孟子曰："可。
子哙不得与人燕，子之不得受燕于子哙。有仕于此，而子悦之，不告于
王，而私与之吾子之禄爵；夫士也，亦无王命而私受之于子，则可乎？何
以异于是？"齐人伐燕。或问曰："劝齐伐燕，有诸？"曰："未也。沈同问
燕可伐与？吾啦之曰可，彼然而伐之也。彼如曰，孰可以伐之，则将应之
同，为天吏则可以伐之。今有杀人者，或问之曰，人可杀与！则将应之
曰，可。彼如曰，孰可以杀之？则将应之曰，为士师则可以杀之。今以燕
伐燕。何为劝之哉？"

《战国策·燕策》：燕王哙既立，苏秦死于齐。苏秦之在燕也，与其相
子之为婚，而苏代与子之交。及苏秦死，而齐宣王复用苏代。燕哙三年，
与楚三晋攻秦，不胜而还。子之相燕，贵重主断。苏代为齐使于燕，燕王
问之曰："齐宣王何如？"对曰："必不霸。"燕王曰："何也？"对曰："不
信其臣。"苏代欲以激燕王以厚任子之也。于是燕王大信子之。……鹿毛

---

① 公孙丑篇。
② 孟子之以遁不行而去齐也，宣王竭力挽留，而孟子必去。

寿谓燕王曰："不如以国让子之。人谓尧贤者，以其让天下于许由。由必不受，有让天下之名，实不失天下。今王以国让相子之，子之必不敢受，是王与尧同行也。"燕王因举国属子之，子之大重。或曰："禹授益而以启为吏，及老而以启为不足任天下，传之益也，启与支党攻益而夺之天下，是禹名传天下于益，其实令启自取之。今王言属国子之，而吏无非太子人者，是名属子之，而太子用事。"王因收印，自三百石吏而效之子之，子之南面行王事，而哙老不听政，顾为臣，国事皆决子之。子之三年，燕国大乱，百姓恫怨，将军市被太子平谋将攻子之。储子谓齐宣王"因而仆之，破燕必矣"。王因令人谓太子平曰："寡人闻太子之义，将废私而立公，饬君臣之义，正父子之位，寡人之国小，不足先后；虽然，则唯太子所以令之。"太子因子党聚众，将军市被围公宫，攻子之，不克；将军市被及百姓乃反攻太子平，将军市被死已殉。国难构数月，死者数万众，燕人恫怨，百姓离意。孟轲谓齐宣王曰："今伐燕，此文武之时，不可失也。"王因令章子将五都之兵，以因北地之众以伐燕。士卒不战，城门不闭，燕王哙死，齐大胜，燕子之亡。二年，燕人立太子平，是为燕昭王。

案《史记·燕召公世家》全录此文，惟易宣王为湣王。孟子自言未劝齐伐燕，此载孟轲谓齐宣王曰云云，盖涉孟子对沈同问伐燕而误。

清林春溥《孟子时事年表后说》：《史》《孟》不同，莫甚于伐燕一事，《七篇》明系之宣王，《国策》正同，惟《史记》谓在湣王十年，遂为千古疑案。《通鉴》则下减湣王十年，上增威王十年，以合《孟子》，《考异》不载其说，朱子已疑其无据。又燕人畔，《集注》引立太子平为证；依《通鉴》则在湣王二年，仍与《孟子》不合。《黄氏日抄》载蒋晓之说，谓："齐之伐燕有二：齐宣王因丧伐燕取十城，即《梁惠王篇》所载问答是也；《孟子》作于宣王既殁之后，故以谥称。后湣王因子之乱伐燕取七十城，是即《公孙丑篇》所载是也；作《孟子》时，湣王尚在，故不称谥。"欲以合《史》《孟》为一。不知《梁惠王篇》明云："今又倍地，"云："毁其宗庙，迁其重器，"云："置君而后去之，则犹可及止，"此岂区区取十城而已耶？且十城之取，以苏秦说而复归之，何以诸侯将谋救燕乎？至阎氏《生卒考》欲移燕之年数以就齐；周广业《四考》谓齐威宣乃系一人而复谥；曹之升《年谱》既从《通鉴》增威王十年，又从《大事记》增宣王十年，以合燕畔之岁，愈臆说无据。今考《史记索隐》引《纪年》，以为"齐宣公十五年，田庄子卒；明年立悼子；悼子卒，[①]乃次和。"是庄子后有悼子一世。又云："《纪年》齐康公二十二年，田侯剡立；后十年，齐田午弑其君及孺子喜而为公。"《春秋后传》亦云："田午弑田侯及其孺子喜，是为桓侯。"是田和之后，有田剡一世。而史皆遗之。又云："《纪年》梁惠王十三年，当齐桓公[②]十八年，后威王始见，则桓公十九年而卒。"又云："《纪年》齐幽公之十八年，[③] 而威王立。"是《史记》威王之二十三年，乃《纪年》威王之元年也。又云："《纪年》梁惠王后元十五年，齐威王薨。"[④] 是《史记》湣王之四年，乃《纪年》宣王之元年也。而由是推之，湣王十年伐燕，实宣王之七年；[⑤] 湣王十二年燕人立太子平，实宣王之九年；[⑥] ——与《孟子》合，此其确然可据者也。《史记》于威王以前脱悼子田剡二世，于是威王之立，移前二十余年，而伐燕之事，不得不属之湣王矣。《通鉴》但据《孟子》以正其误，而殊无他据；其意只疑威王在位三十六年，三当作四，湣王在位四十年，四当作三。[⑦] 而以《孟子》燕人畔一段，统附于伐燕之年，下即系以宣王薨，痕迹显然。而朱子《纲目》更书孟轲去齐于是年，则燕人之畔，孟子何以有与陈贾问答之语，与《集注》自相刺谬。安得起二贤于九原而以《纪年》

---

① 今本纪年在齐宣公四十七年。
② 田午也。
③ 史记齐康公卒，无子，田氏遂并齐，而纪年又有幽公，均足补史之缺。
④ 史记威王在位三十六年，纪年正同，但先后异耳。
⑤ 通鉴在宣十九年。
⑥ 通鉴在湣二年。
⑦ 大事记威王之年仍史记，但增宣王十九年为二十九年，亦无据。

之说质之？

案诸儒考订伐燕之事者甚多，而即林氏一家，亦足以明，故他家不再赘引。惟《荀子·王霸篇》谓闵王①北足以败燕，后人右《史记》者，诩为铁证，梁玉绳《史记志疑》谓其"孤文难征"。盖燕齐毗连，边疆小衅，时所不免，无大争端，史官不载，荀子生际其时。细事亦详，因"南足以破楚，西足以诎秦，中足以举宋"，②并及徼壤小胜，曰"北足以败燕"，以增大语势。后人以史无潘王败燕，遂必其指讨伐之哙之役，以附会《史记》之讹，未足为据也。

齐宣王问取燕，孟子曰："取之而燕民悦则取之，取之而燕民不悦则勿取。"宣王取之。

《孟子·梁惠王篇》：齐人伐燕胜之，宣王问曰："或谓寡人勿取，或谓寡人取之；以万乘之国伐万乘之国，五旬而举之，人力不至于此，不取必有天殃，取之何如？"孟子对曰："取之而燕民悦则取之，古之人有行之者武王是也；取之而燕民不悦则勿取，古之人有行之者文王是也。以万乘之国伐万乘之国，箪食壶浆以迎王师，岂有他哉？避水火也；如水益深，如火益热，亦运之而已矣。"

又：齐人伐燕取之。

---

① 即潘王。
② 王霸篇文。

越明年，燕人畔，宣王曰："吾甚惭于孟子。"孟子致为臣而归，叹王道之不行，悼生民之涂炭，喟然叹曰："王如用予，则岂独齐民安，天下之民举安。……夫天未欲平治天下也！如欲平治天下，当今之世，舍我其谁也！"悲天悯人之怀，济世拯民之志，百世之下，犹为之扼腕太息慨然兴叹也！

《孟子·公孙丑篇》：燕人畔，王曰："吾甚惭于孟子。"

又：孟子致为臣而归。

又：孟子去齐，尹士语人曰："不识王之不可以为汤武，则是不明也；识其不可，然且至，则是干泽也。千里而见王，不遇故去，三宿而后出昼，是何濡滞也？士则兹不悦。"高子以告。曰："夫尹士恶知予哉！千里而见王！是予所欲也，不遇故去，岂予所欲哉？余不得已也！予三宿而出昼，于予心犹以为速。王庶几改之！王如改诸，则必反予。夫出昼而王不予追也，予然后浩然有归志。予虽然，岂舍王哉？王由足用为善。王如用予，则岂独齐民安，天下之民举安，王庶几改之，予日望之。……"

又：孟子去齐，充虞路问曰："夫子若有不豫色然。前日虞闻诸夫子曰：'君子不怨天，不尤人。'"曰："彼一时，此一时也。五百年必有王者兴，其间必有名世者。由周而来，七百有余岁矣，以其数则过矣，以其时考之则可矣！夫天未欲平治天下也！如欲平治天下，当今之世，舍我其谁也？吾何为不豫哉？"

《战国策·燕策》：齐大胜，燕子之亡。二年，燕人立公子平，是为燕昭王。①

——————————

① 《史记·燕召公世家》同。

汉赵岐《孟子章句》：孟子去齐又归邹。

唐林慎思《续孟子》：孟子去齐反邹。

清魏源《孟子年表》：周赧王二年，[1] 燕人立太子平，是为燕昭王。……燕人畔，王曰："吾甚惭于孟子。"孟子致为臣而归。

案燕人之畔，《史记》系于湣王十二年，其纰谬蹐驳，林春溥氏之言详矣。顾林氏以为宣王九年，[2] 魏氏以为宣王八年。考《国策》《史记》皆谓伐燕后二年，燕立太子平，伐燕为赧王元年，宣王七年，则燕畔为赧王三年，宣王九年，魏氏《孟子年表考第二》亦曰："赧王元年。齐灭燕；又二年而燕叛，既叛而孟子去。"则林氏之说是，而魏氏亦非不知，特于《年表》失检耳。

孟子游梁之齐，虽史迁讹舛，而齐梁大事，与史传相表里，参验互证，可求其真。去齐之后，与史无关，群儒聚讼，各执一说。魏默深氏所谓"不难于辨众说之非，而难于求本书之是"者也。

案魏氏语见所为《孟子年表考第三》。

虽然，据赧王三年，秦楚构兵，孟子遇宋牼于石丘，盖于去齐之后，由邹赴宋。

《孟子·告子篇》：宋牼将之楚，孟子遇于石丘曰："先生将何之?"曰："吾闻秦楚构兵，我将见楚王说而罢之；楚王不悦，我将见秦王说而

[1] 齐宣王八年，鲁平公二年。
[2] 均见前。

罢之；二王我将有所遇焉。"

清阎若璩《孟子生卒年月考》：按金仁山《大事记》谓："孟子赧王元年，自齐归邹，二年即如宋，有与宋臣戴不胜语。"案系如宋于去齐后固是；但即在元二年间，殊无据。所可据者，宋初称王于慎靓王三年癸卯，孟子谓戴不胜为"子之王"，不似在滕谓毕战为"子之君"，则应在癸卯届可知。

清侯季华《四书汇辨》：显王三十三年至赧王元年，中间无秦楚构兵事；慎靓王三年，楚曾与四国击秦为约长，然亦非楚独与秦战。惟赧二年，秦以商於诳楚取汉中，楚大兴师欲深入击秦。方是构兵，宋轻之说，孟子之遇，当在此时。

清林春溥《孟子时事年表后说》：《皇王大纪》《大事记》并于赧王元年书："孟子去齐之宋，"其年固误，而谓去齐之宋，则确有明证。陈臻问："前日于齐，王馈兼金一百而不受，于宋馈七十镒而受，于薛馈五十镒而受。"证一也。又赧王三年，燕人立太子平，是年秦大败楚师于丹阳蓝田，[①]宋轻所云秦楚构兵即此。而孟子与宋轻遇于石丘，《孟子疏》，石丘宋地。证二也。又孟子去齐居休，《路史》谓休在颍川，属宋境。证三也。[②]……而任启运《考略》乃据《通鉴》显王四十八年齐封田婴于薛，靖郭君将城薛之文，谓孟子是时在滕，[③] 先是已如宋归邹，[④] 而后至梁至齐。不知其时宋未称王，[⑤] 而靖郭君将城薛之文，本于《国策》，未尝指定何年，《通鉴》特类附于封薛之下。又是时以客海大鱼之谏而止，则后日复城，未始不可，刻舟之见，吾无取焉。[⑥]

---

① 《通鉴》载此事在燕平立之前，然史表不著日月，通鉴特以意坎之，未能定其孰先孰后。
② 阎氏谓故休城在今兖州府滕县一十五里，距孟子家约百里。然未知何据。
③ 盖以齐人将筑薛之语推之。
④ 盖以滕世子过宋来见及然友之邹推之。
⑤ 季彭山谓孟子前后两至宋。亦附会无根据。
⑥ 根泽案：程复心孟子年表，季本孟子事迹图谱，及顾炎武《日知录》引卫嵩说，皆谓孟子自宋归邹，由邹之任，之薛，之滕，而后之梁之齐，张宗泰孟子七篇诸国年表谓孟子自滕世子来见于宋，为初游之始，逮自齐致为臣而归之年，为出游之终，与任氏之说略同，并臆说无据。

案《史记·楚世家》："怀王十六年，……发兵西攻秦，秦亦发兵击之。十七年春，与秦战丹阳，秦大败我军，斩甲士八万，虏我大将军屈匄，裨将军逢侯丑等七十余人，遂取汉中之郡。楚怀王大怒。乃悉国兵复袭秦，战于蓝田，大败楚军。"似十六年两国开始运兵，而兵连祸结则在十七年。宋轻既谓"秦楚构兵"，又谓"将说而罢之"，盖在十七年交绥之顷也。怀王十七年，为周赧王三年。且燕人畔齐，孟子去齐，举在赧王三年。故林氏三年之说，似较侯氏二年之说为胜也。顾孟子在宋，《七篇》仅载与戴不胜戴盈之万章宋轻语，无与宋王言。惟《公孙丑篇》谓"于宋馈七十镒而受"，当为宋王所馈；而孟子自言："当在宋也，予将有远行。"合而观之，似孟子或未见宋王，或见而未得要领，及其去也，王始馈之以赆，则在宋之日盖甚浅。与宋轻之遇，为适宋去宋不可知，而在赧王三年则无疑，以往反似不出一年也。

滕文公为世子，将之楚，过宋而见孟子。孟子道性善，言必称尧舜。

案见《滕文公篇》。

既而孟子去宋，由薛反邹。

清施彦士《读孟质疑·之薛岁月考辨》：证诸本书，以齐馈为前日，宋馈为今日，而薛在其后，是之宋在之齐之后，而之薛又在之宋之后。……孟子……自宋归邹而至于薛。

清魏源《孟子年表考第三》：答陈臻言"在宋将有远行"者，盖自宋将归邹之事。言"在薛有戒心"者，即《风俗通》所谓"绝粮邹薛之间，困殆甚",盖归邹过薛之事。[1]

　　案林魏谓归邹过薛,施氏谓归邹而至于薛。施氏之说,可作二解:若解为归邹时至于薛,则与林魏同;若解为归邹而后至薛,则与林魏异。考宋为今河南商邱,邹为今山东邹县,薛在今山东滕县西南;宋居西南,邹居东北,薛居其中而近于邹,由宋归邹,薛为正途,则归邹过薛,似较近之。

　　滕定公薨,文公使然友之邹问礼,孟子曰:"三年之丧,齐疏之服,饘粥之食,自天子达于庶人,三代共之。"

　　《孟子·滕文公篇》:滕定公薨,世子谓然友曰:"昔者孟子尝与我言于宋,于心终不忘;今也不幸至于大故,吾欲使子问于孟子,然后行事。"然友之邹,问于孟子。孟子曰:"不亦善乎!亲丧固所自尽也。曾子曰:'生事之以礼,死葬之以礼,祭之以礼,可谓孝矣。'诸侯之礼,吾未之学也。虽然,吾尝闻之矣:三年之丧,齐疏之服,饘粥之食,自天子达于庶人,三代共之。"

　　文公旋即礼聘孟子,孟子至滕。

　　清魏源《孟子年表考第三》:故曰,自宋过薛而归邹也。[2]嗣是孟子至滕,馆于上宫,滕文公问为国,则知文公葬父毕,即礼聘孟子至国。故孟子初称之为世子,继称之为子,至逾年改元而始称之为君,[3]正与《公羊传》"君存称世子,君薨既葬称子,逾年称公"之义合。故曰,复以滕文

---

①　根泽案林春溥《孟子时事年表后说》,亦主此说。
②　注略。
③　注略。

公初年自邹之滕也。①

文公问为国，孟子曰："民事不可缓也。……民之为道也，有恒产者有恒心，无恒产者无恒心。苟无恒心，放辟邪侈，无不为矣。及陷乎罪，然后从而刑之，是罔民也。"

案见《滕文公篇》，《梁惠王篇》告齐宣王亦有此语，知为孟子所最重视者。

使毕战问井田，孟子曰："夫仁政必自经界始。……经界既正，分田制禄，可坐而定也。……无君子莫治小人，无小人莫养君子。请野九一而助，国中什一使自赋。卿以下必有圭田，圭田五十亩，余夫二十五亩。死徒无出乡，乡田同井，出入相友，守望相助，疾病相扶持，则百姓亲睦。方里而井，井九百亩，其中为公田，八家皆私百亩，同养公田，公事毕，然后敢及私事，所以别野人也。"

案见《滕文公篇》。

---

① 注略。

合此与前告齐宣之言观之，知孟子政治主张，注重民事，施行之方，在于教养；制产以养之，设为学校以教之，人伦明而天下之民安，斯其旨哉。

《孟子·梁惠王篇》：是故明君制民之产，必使仰足以事父母，俯足以畜妻子，乐岁终身饱，凶年免于死亡，然后驱而之善，故民之从之也轻。

又《滕文公篇》：设为庠序学校以教之。庠者养也，校者教也，序者射也。夏曰校，殷曰序，周曰庠，学则三代共之，皆所以明人伦也。

文公虽足为善，而壤地褊小，间乎齐楚。不胜其害，故不久而孟子离滕以去。

《孟子·梁惠王篇》：滕文公问曰："滕小国也，间乎齐楚，事齐乎？事楚乎？"

又滕文公问曰："齐人将筑薛，吾甚恐，如之何则可？"

又：滕文公问曰："滕小国也，竭力以事大国，则不得免焉，如之何则可？"

又：《滕文公篇》：今滕绝长补短，将五十里也。

又：夫滕壤地褊小。

鲁平公欲见，沮于臧仓，孟子叹曰："吾之不遇鲁侯，天也。"

《孟子·梁惠王篇》：鲁平公将出，嬖人臧仓者请曰："他日君出，则必命有司所之，今乘舆已驾矣，有司未知所之，**敢请!**”公曰：“将见孟子。”曰：“何哉君所为轻身以先于匹夫者？以为贤乎？礼义由贤者出，而孟子之后丧逾前丧，君无见焉？”公曰：“诺。”乐正子入见曰：“君奚为不见孟轲也？”曰：“或告寡人曰，孟子之后丧逾前丧，是以不往见也。”曰：“何哉君所谓逾者？前以士，后以大夫，前以三鼎，而后以五鼎与？”曰：“否。谓棺椁衣衾之美也。”曰：“非所谓逾也，贫富不同也。”乐正子见孟子曰：“克告于君，君为来见也；嬖人有臧仓者沮君，君是以不果来也。”曰：“行或使之，止或尼之行止非人所能为也！吾之不遇鲁侯，天也！臧氏之子，焉能使予不遇哉？”

清施彦士《读孟质疑·鲁平公将见孟子考》：《广文选》“平公与宣王会于凫绎山下，乐克备道孟子于平公曰：‘孟子私淑仲尼，其德足以辅世长民，其道可以发政施仁，君何为不见乎？’公因许之。而臧仓以巧言沮之，遂不见。”陈明卿《备考》“平公名淑，景公子也。平公五年”用乐正子为政。六年，孟子自齐而归，过鲁，平公将因乐正子以见孟子。嬖人臧仓止之。”按平公六年，系周赧王四年，孟子已去齐三年矣，陈氏以为自齐而归过鲁，不知何所本。然谓平公五年用乐正子，六年将见孟子，恰当孟子之宋之薛之后，事情自合；季本《孟子事迹图谱》亦谓赧王四年，即臧仓沮平公之年，说似足据，今从之。

清魏源《孟子年表考第三》：至或据后丧逾前丧之言，谓鲁平公将见，即在孟子居丧在鲁之时者，则无论孟子居丧在伐燕之前，鲁平公未立；而且臣有大丧，君三年不呼其门，岂有与诸侯相见之礼？乐正子从孟子在齐，岂有此时鲁即使为政，且孟子居忧闻之喜而不寐之理？《惠王二篇》述孟子廷说诸国，先梁，次邹，次滕，① 先后井然，则知鲁君将见一事，叙于篇末，其必在历说诸国之后明矣。故曰，自滕归老于鲁也。

案孟子自游梁至之滕，行踪显著，故之鲁必在之滕之后，魏氏之说是

---

① 根泽案据魏无说，先梁下疑脱次齐。

也，施氏之说非也。惟何年去滕，去滕后直接至鲁，抑归邹，由邹赴鲁，皆不可考。胡宏《皇王大纪》谓赧王三年，鲁欲使慎子为将军，平公将见孟子；陈士元《孟子杂记》谓显王四十四年反鲁居邹；曹之升《孟子年谱》谓慎靓王元年，去滕，赧王五年归鲁，乐正子为政，平公将见孟子，不果；并臆说无据。

又案孟子邹人，自应老于邹，不应老于鲁，虽均之无据，而较合情理之中，魏氏谓归老于鲁，未可遽信。

年老无遇，知道不行，退与公孙丑万章之徒。论集所为辩难答问之言，作《孟子》七篇；思垂空文，以济斯世。

《史记·孟子荀卿列传》：退而与万章之徒，序《诗书》，述仲尼之意，作《孟子》七篇。

汉应邵《风俗通·穷通篇》：孟子作书，中外十一篇。

汉班固《汉书·艺文志》：《孟子》十一篇。

汉赵岐《孟子·题辞》：此书孟子所作也，故总谓之《孟子》。……于是退而论集所与高第弟子公孙丑万章之徒难疑答问，又自撰法度之言，著书七篇。……又有《外书》四篇——《性善辨·文说·孝说·为政》——其文不能宏深，不与内篇相似，似非孟子本真，后世依放而托也。

唐韩愈《答张籍书》：孟轲之书，非轲自著；轲既没，其徒万章公孙丑相与记轲所言焉耳。

唐林慎思《续孟子》：《孟子》七篇，非轲自著，乃弟子共记其言。

宋苏辙《古史孟子传》退而与其弟子公孙丑万章之徒，记其平生答问称道之言，作《孟子》七篇。

宋晁公武《郡斋读书志·子部儒家类》："按此书韩愈以为弟子所会集，非轲自作；今考其书，则如愈之言非妄也。书载孟子所见诸侯皆称谥，如齐宣王梁惠王梁襄王滕定公滕文公鲁平公是也。夫死然后有谥，轲著书时，所见诸侯不应皆死，且惠王元年至平公之卒凡七十七年，孟子见惠王，王目之曰叟，必已老矣，决不见平公之卒也。故予以愈言为然。"①

宋朱熹《朱子全书》：《孟子》疑自著之书，故首尾文字一体。

清崔述《孟子事实录》：余按谓《孟子》一书为公孙丑万章所纂述者近是，谓孟子与之同撰，或孟子所自撰则非也。《孟子》七篇之文，往往有可议者，如禹决汝汉排淮泗而注之江，伊尹五就汤五就桀之属，皆于事理未合，果孟子所自著，不应疏略如是，一也。七篇中称时君皆举其谥，如梁惠王襄王齐宣王鲁平公邹穆公皆然，乃至滕文公之年少亦如是，其人未必皆先孟子而卒，何以皆称其谥？二也。七篇中于孟子门人多以子称之，如乐正子公都子屋庐子徐子陈子皆然，不称子者无几，果孟子所自著，恐未必自称其门人皆曰子，三也。细玩此书，盖孟子门人万章公孙丑等所追述，故二子问答之言，在七篇中为最多，而二子在书中亦皆不以子称也。

清魏源《孟子年表考第五》：七篇中无述孟子容貌言动。与《论语》为弟子记其师者不类，当为手著无疑。又公都子屋庐子乐正子徐子皆不书名，而万章公孙丑独名，《史记》谓"退而与万章之徒作七篇"者，其为二人亲承口授而笔之书甚明。②与《论语》成于有子曾子门人故独称子者，殆同一间。此其可知者。任公师《古书真伪及其年代》：大约是孟子弟子所编，曾经孟子看过。

案综合诸儒之说，窃覼史公之说，任公师之释。《孟子》书中，皆称孟子，古无自己称子之例，③且于门弟子亦时称子，更不合理，故朱子自

---

① 朱彝《尊经义考》以为晁说之说，误。
② 咸邱蒙浩生不害陈臻等偶见，或亦得预记述之列。
③ 墨子庄子中之称子墨子庄子者，皆门弟子或后人所记。

著之说，不能立也。韩氏谓轲既没，其徒万章公孙丑等所追记，而未标佐证；至晁氏始以所见诸侯皆称谥为言；至崔氏更益以书有可议及称门人为子二事；今考孟子见梁襄王滕文公，则梁惠王滕定公皆卒于孟子前，自无待言。① 齐宣王之卒，依《史记·六国年表》，在位十九年，卒于周显王四十五年，② 孟子自然尚在。但《史记》遗悼子田剡二代，致移前二十三年，③ 以在位十九年推之，实卒于赧王十五年，孟子亦尚在也。梁襄王之卒，依《史记·六国年表》，卒于慎靓王二年，孟子自然尚在。但《史记》误以惠王后元十六年为襄王，以襄王之年为哀王，④ 而谓哀王二十三年卒；说者谓史之哀王即襄王，则《六国年表》周赧王十九年哀王卒，即襄王卒，孟子亦尚在也。⑤ 鲁平公之卒，魏源《年表》系于周赧王二十年，言："《史记·六国年表》鲁平公立于周赧王元年，卒于赧王十九年；鲁世家则云，平公四年，秦惠王卒，二十年，平公卒，较《年表》多一年。故《索隐》引皇甫谧云，鲁平公元己巳，终甲子，是二十年也。今本世家四年误作十二年，又云三十二年平公卒，与皇甫谧及《索隐》所见本不合，其误无疑。"则卒年亦先孟子，惟邹穆滕文之卒，于史无考；而以可考者例之，多数称谥者皆先孟子卒，孰能必其不亦先孟子卒乎？王应麟《通鉴答问》谓滕以赧王二十九年为宋灭，魏源《年表》以为其说近之；而谓"文公有谥，非亡国之君"。假定孟子卒于赧王二十六年，才先滕灭三年文公非亡国之君，则卒年必在国灭之先，孟子尚在，殊不为过。邹穆之问，魏源谓在赧王四年，虽不敢遽信，亦无法否认，果尔距孟子之卒，且二三十年，况其时为初立，抑巳立若干年，尚不可知，卒先孟子，亦非无理。总之，可知者皆卒先孟子，不可知者，不能据为《孟子书》必为卒后门弟

① 《滕文公篇》明言滕定公薨。
② 《田敬仲世家》亦曰，十九年，宣王卒。
③ 说见前引林春溥孟子《时事年表后说》。
④ 说见前。
⑤ 魏源《孟子年表》谓赧王十六年，梁襄王二十年卒，未知何据，如其言，更先三年卒。

子所追记之证也。至决汝汉排淮泗而注之江之纰缪，伊尹五就汤五就桀之荒唐，亦不足为未经孟子寓目之证。史地专家，犹有时而误，况孟子言此，乃藉以明理，而史实非所留意而深考者乎？伊尹之事，刘师培《古书疑义举例补》谓为虚拟而数非实指。予窃谓此等神语式之口碑，周秦之际，所在多有，① 孟子偶尔掇拾以为论理明义之资，万章等记录撰述，据之而书，孟子鉴核，亦因仍未改，以意不在考订事迹故也。② 不然，如崔氏之言，书成于孟卒之后。谓孟子无此言耶？万章等何得任意附会？谓孟子有此言耶？则与成于卒前卒后无涉也。崔氏疑古太甚，故有此进退失据之怀疑也。决汝汉云云，其舛缪失实，无庸言讳。③ 但为作者失检，抑传写文误，尚不可定，二种讹谬，任人书中，皆所难免。即以《孟子》而论："生事之以礼，死葬之以礼，祭之以礼，"《论语》明言孔子语，而孟子却言曾子曰。④ "殷受夏，周受殷，所不辞也。于今为烈。"朱子以为衍文，引李氏说，以为有断简或阙文。⑤ 岂能以一二语之偶误，而谓全书成于孟子后耶？孟子亦人耳，则必无失检偶误；万章等孟子弟子耳，独须定有讹舛。况此而文误，则其失亦不在孟子万章也。故余以为谓此为纰缪失实则可，以此断定非孟子曾经寓目则不可。书中万章公孙丑不称字，他弟子称字，故知为万章公孙丑等所撰述。⑥ 无述孟子行状者，⑦ 故知曾经孟子鉴核。至《外书》四篇，史公未见，当然为后人伪托；今所传者，更伪中之伪者也。

---

① 如《孟子·万章篇》之所诘辩及他子书中之所记载。

② 康南海先生《孔子改制考》，谓孔孟及周秦诸子，皆托古改制，其所言古人古事，未必尽实。言或过甚；然墨子喜道大禹，孟子言必称尧舜，其所言之尧舜大禹，果尽尧舜禹之真耶？未敢信也。孟子曰，有为神农之言者许行，他家何不可谓为尧舜之言者孟子。《韩非子·显学篇》曰："孔子墨子俱道尧舜，而取舍不同，皆自谓真尧舜。尧舜不复生，将谁使定儒墨之诚乎？"则自韩非子已疑诸家引古之不尽实矣。然则岂可以所言伊尹非实，而谓其书非经孟子过目乎？

③ 焦循《孟子正义》曲为之解，牵强无味。

④ 《滕文公篇》。

⑤ 焦有释，但终牵强。《万章篇》。

⑥ 陈臻成邱蒙容亦预修撰之列，魏源说甚是。

⑦ 所记辞受取予出处进退，皆因言论附叙者。

　　孟子一生学行之荦荦大端可考见者，略如此。篇中尚有之任之平陆，与邹穆问答，皆不能确定何年，不敢妄书。

　　《孟子·梁惠王篇》：邹与鲁哄，穆公问曰："吾有司死者三十三人，而民莫之死也，诛之则不可胜诛，不诛则疾视其长上之死而不救，如之何则可也？"孟子对曰："凶年饥岁，君之民老弱转乎沟壑，壮者散而之四方者，几千人矣；而君之仓廪实，府库充，有司莫以告，是上慢而残下也。曾子曰：'戒之，戒之，出乎尔者，反乎尔者也。'夫民今而后得反之也，君无尤焉。君行仁政，斯民亲其上，死其长矣。"

　　又《公孙丑篇》：孟子之平陆。

　　又《告子篇》：孟子……由邹之任见季子，由平陆之齐不见储子。

　　案孟子之平陆而归，对齐王语平陆之为都者，则系在齐之年，可以勿疑。然孟子两次在齐，之平陆的在何年，则不可考；为两次一次，亦不可考。《孟子》叙之任于之平陆之前，知之任先于之平陆；但之平陆之年，尚不可定，之任之年，更无论矣。任启运《孟子考略》谓慎靓王二年，由邹之任见季子，在去梁后。曹之升《孟子年谱》谓显王三十九年，由邹之任见季子，乃由任之平陆，四十年，由平陆之齐。任兆麟《孟子时事略》谓显王三十五年，奉母居齐之平陆，四十四年，去齐退居平陆。魏源《孟子年表》谓慎靓王二年，孟子自范之齐，处于平陆，既而由平陆之齐。林春溥《孟子时事年表》谓慎靓王二年，由邹之任，至平陆，由平陆之齐。张曜等《三迁志年表》谓慎靓王三年，由邹之任至平陆。皆无据。魏源《孟子年表考》谓梁惠王两篇，为孟子一生见诸侯之始终次第，于是谓穆公之问，在自宋过薛归邹时，为赧王四年，但《梁惠王篇》果为见诸侯之次与否，尚待佐证，故未敢遽信也。又案孟子初次至齐，路经范；二次至齐，路经嬴，又于崇见宣王；及去齐也，经昼经休；道路所经，决不止此三四处，不过此三四处独见于书耳，既无事迹，亦不赘及。①

　　至娶某氏，子女几人，亦皆书阙有间，无可考矣。

　　按陈士元《孟子杂记》引《孟氏谱》云："孟子娶田氏。"又谓"孟仲子名睪，孟子之子也。孟子四十五代孙宁尝见一书于峄山，其书题曰《公孙子》，内有《仲子问》一篇，乃知仲子实孟子之子，尝从学于公孙丑者。"《孟氏谱》传出孟宁手，未知确否，即确，孟宁生宋元丰时，据何为谱，无征不信，宋翔凤辨之详矣。②至潘眉《孟子游历考》谓妻田氏，见《续文献通考》，亦无古据。而黄本骥《孟子年谱》谓据山东《孟氏家谱》，三十岁，娶夫人田氏。"并注云："田，齐之公族，夫人少孟子八岁。"又谓："五十三岁，夫人田氏卒，年四十五岁。"又谓："三十四岁八月七日寅时，子仲子生。"附案曰："孟子成室已四年，理合有子。然曰仲子，而伯子无闻，或者伯子早殁，故不见于七篇与？"向壁虚造，无庸一辨。何异孙《十一经问对》曰："娶谁氏，有几子，皆无所考。"可谓不惑于妄诞者矣。

　　论曰：孟子之学，修身治国经世致用之学也，非空谈心性之学也，其论心性体相，为修齐治平之资助焉尔。

　　案孟子言性善为稚行仁义，已详论于传文注中。其政治本以仁为原则，不谓性善，足以戕害仁义，亦足以戕害政治。又一再言："作于其心，

----

① 师生问答，不限地址，若标地址者，不问轻重，皆特别书之，则不胜其书，且轻重失当矣。
② 见前。

害于其事，作于其事，害于其政。"① 则论心亦所以用于修齐治平，善乎昌黎韩氏之言曰："其所以正心诚意者，欲将以有为也。"②

　　有宋诸子。阴佛阳儒，利孟子之有论心性之言也，揉杂附会，创为新解，谓为自己之学，固精妙超绝，谓为孟子之学，未必然也。

　　朱子《论语集注》引程子曰："此言气质之性，非言性之本也；若言其本，则性即是理，理无不善，孟子言性善是也。"

　　朱子《孟子集注》：告子不知性之为理，而以所为气者当之。

　　程子曰：孟子有大功于世，以其言性善也。③

　　案有宋诸子，分性为天理之性，气质之性，谓气质之性，君子有弗性者；而以天理之性，当孟子所谓性。而又谓人生而静以上不容说，才说性时便已不是性，神秘玄妙，不为不高；而谓孟子之旨如此，岂其然乎？戴东原《孟子字疏证》辨之曰："其视理俨如有物，以善归理，虽显遵孟子性善之云，究之孟子就人言者，程朱乃离人而空论夫理。"又曰："程子朱子，其初所讲求者老庄释氏也。"非诬也。

　　前乎程朱，虽苟卿非之，王充刺之，温公疑之，伯泰诋之，而邠卿昌黎诸贤，前后提倡，其政治大端，仁义微言，固为世人所重视。

　　案苟卿《苟子非十二子篇性恶篇》，皆有非孟之言。王充《论衡》有

----

① 《公孙丑篇》《滕文公篇》。
② 原道。
③ 未检出程子何书，据朱彝尊《经义考》引。

《刺孟》一篇，司马温公有《疑孟》，李伯泰有《常语》，皆于孟子有疑难诋毁。赵岐有《孟子·题辞》《孟子章句》《孟子章指》，集汉代研究《孟子书》之大成。韩愈《原道读荀子送王埙序》《答孟尚书书》等文，皆极力推崇孟子，以上配尧舜汤禹文武周公孔子，孟子之由诸子书中。一跃而入于周孔之列者，韩氏之力为多。

后乎程朱，则颛颛于心性之辨矣。

案至明阳明一派，于性不多言，而易之以心。

故流传虽广，尊奉虽崇，而未闻有某代之施政临民少师其意者。

案历代君主之尊孔孟，为尊君卑臣也，至所谓仁政，所谓重视民人，皆不措意，明太祖以孟子有"君之视臣如草芥，则臣之视君如寇仇"之言而欲罢其配享，非其明例欤？

然数百年来，《孟子》之书，几于人人皆知，程朱之力，不可没焉。

案秦汉以来，《孟子》盖与《庄》《荀》并称，至韩愈独尊异之，而宋儒跻其书以配《论语》，由是士子自初入塾，即朝夕讽诵，形成国民常识矣。①

———————

① 用曾国藩《圣哲画像记》及任公师《要籍解题及其读法说》。

至清季颜习斋著《四书正误》，始薄弃心性，倡言事物。阮芸台著《孟子论仁论》，始阐发士充本心之仁，君治天下之仁。而知之者寡，信之者稀。

《四书正误》：余少时观阳明书，有云："以土打狗，狗狂，只理会土；若以土打狮子，狮子便来扑人。"兹读此节理字而忽有慨也。前圣鲜有言理者，孟子忽发此，宋人遂一切废弃而倡为明理之学。不知孟子所谓理义悦心，有自己注脚曰，仁义忠信，乐善不倦；仁义又有许多注脚，未有仁遗亲，义后君，居天下广居，立正位，行大道，井田学校。今一切抹杀，而心头玩弄，曰孔颜乐处，曰理义悦心，使前后贤豪皆笼盖于释氏极乐世界中，不几舍人而理会土哉？[1] 又：孟子汲汲于王道，是所异于后世训诂无用之学者；若徒天命率性尽心知性等章，其于周程朱陆之相去也几希。[2] 又：仁人合而为道，惟尧舜三事，周孔三物，真即人是仁，浑身都是仁，浑身都是道。仁不合人，虽满心拳拳之天理，夏释也。人不合仁，虽百体日日言动，走尸也。况举世昏迷纸墨中，与人仁两字，更何干涉？吾请僭增一言曰，人也者世也，合而言之治也。[3]

《孟子论仁论》：孟子于孔子尧舜之道，至极推尊反覆，论说者仁也。……孟子论仁无二道，君治天下之仁，士充本心之仁。无异也。……孟子论仁，至显明，至诚实，未尝有一毫流弊贻误后人也。一介之士，仁具于心，然具心者，仁之端也，必扩而充之，着于行事，始可称仁。孟子虽以恻隐为仁；然昕谓恻隐之心，乃仁之端，非谓仁之实事也。孟子又曰："仁之实，事亲是也。"是充此心始足以事亲保四海也。若齐王但以羊易牛

---

① 故曰口之于味节。
② 曰鲁缪公之时节。
③ 仁也者人也章。

而不推恩，孝子但颡有此而不掩父母，乍见孺子将入井而不拯救，是皆失其仁之本心，而不能充仁之实事，不得谓之仁也。孟子论良能良知，良知即心端也，良能实事也，舍事实而专言心，非孟子本指也。孟子论仁，至显明，至诚实，亦未尝举心性而空之迷惑后人也。

近吾师新会梁先生著《先秦政治思想史》，于孟子修齐治平之学，多所昌明，陈君顾远更著《孟子政治哲学》，专言孟子政治。而举世方骛于敩欧蔑古，虽剀切言之，而听而信者谁欤！余于是叹孟子道不行于时，而遗法亦不见用于后也！

案《先秦政治思想史》第六章《儒家思想》，讨论孟子修齐治平之学者甚多，文长不具引。陈君之书，坊间有出版本。

附录　《孟子》原文

卷一　梁惠王上

一

孟子见梁惠王。王曰："叟不远千里而来，亦将有以利吾国乎？"

孟子对曰："王何必曰利？亦有仁义而已矣。王曰'何以利吾国？'大夫曰'何以利吾家？'士庶人曰'何以利吾身？'上下交征利而国危矣。万乘之国弑其君者，必千乘之家；千乘之国弑其君者，必百乘之家。万取千焉，千取百焉，不为不多矣。苟为后义而先利，不夺不餍。未有仁而遗其亲者也，未有义而后其君者也。王亦曰仁义而已矣，何必曰利？"

二

孟子见梁惠王，王立于沼上，顾鸿雁麋鹿，曰："贤者亦乐此乎？"

孟子对曰："贤者而后乐此，不贤者虽有此，不乐也。诗云：'经始灵台，经之营之，庶民攻之，不日成之。经始勿亟，庶民子来。王在灵囿，麀鹿攸伏，麀鹿濯濯，白鸟鹤鹤。王在灵沼，于牣鱼跃。'文王以民力为台为沼。而民欢乐之，谓其台曰灵台，谓其沼曰灵沼，乐其有麋鹿鱼鳖。古之人与民偕乐，故能乐也。汤誓曰：'时日害丧？予及女偕亡。'民欲与之偕亡，虽有台池鸟兽，岂能独乐哉？"

三

梁惠王曰："寡人之于国也，尽心焉耳矣。河内凶，则移其民于河东，移其粟于河内。河东凶亦然。察邻国之政，无如寡人之用心者。邻国之民不加少，寡人之民不加多，何也？"

孟子对曰："王好战，请以战喻。填然鼓之，兵刃既接，弃甲曳兵而走。或百步而后止，或五十步而后止。以五十步笑百步，则何如？"

曰："不可，直不百步耳，是亦走也。"

曰："王如知此，则无望民之多于邻国也。不违农时，谷不可胜食也；数罟不入洿池，鱼鳖不可胜食也；斧斤以时入山林，材木不可胜用也。谷与鱼鳖不可胜食，材木不可胜用，是使民养生丧死无憾也。养生丧死无憾，王道之始也。

"五亩之宅，树之以桑，五十者可以衣帛矣；鸡豚狗彘之畜。无失其时，七十者可以食肉矣；百亩之田，勿夺其时，数口之家可以无饥矣；谨庠序之教，申之以孝悌之养，颁白者不负戴于道路矣。七十者衣帛食肉，黎民不饥不寒，然而不王者，未之有也。

狗彘食人食而不知检，涂有饿莩而不知发；人死，则曰：'非我也，岁也。'是何异于刺人而杀之，曰：'非我也，兵也。'王无罪岁，斯天下之民至焉。"

四

梁惠王曰："寡人愿安承教。"

孟子对曰："杀人以梃与刃，有以异乎？"曰："无以异也。""以刃与政，有以异乎？"曰："无以异也。"

曰:"庖有肥肉,厩有肥马,民有饥色,野有饿莩,此率兽而食人也。兽相食,且人恶之。为民父母,行政不免于率兽而食人。恶在其为民父母也?仲尼曰:'始作俑者,其无后乎!'为其象人而用之也。如之何其使斯民饥而死也?"

五

梁惠王曰:"晋国,天下莫强焉,叟之所知也。及寡人之身,东败于齐,长子死焉;西丧地于秦七百里;南辱于楚。寡人耻之,愿比死者一洒之,如之何则可?"

孟子对曰:"地方百里而可以王。王如施仁政于民,省刑罚,薄税敛,深耕易耨。壮者以暇日修其孝悌忠信,入以事其父兄,出以事其长上,可使制梃以挞秦楚之坚甲利兵矣。彼夺其民时,使不得耕耨以养其父母,父母冻饿,兄弟妻子离散。彼陷溺其民,王往而征之,夫谁与王敌?故曰:'仁者无敌。'王请勿疑!"

六

孟子见梁襄王。出,语人曰:"望之不似人君,就之而不见所畏焉。卒然问曰:'天下恶乎定?'吾对曰:'定于一。''孰能一之?'对曰:'不嗜杀人者能一之。''孰能与之?'对曰:'天下莫不与也。王知夫苗乎?七八月之间旱,则苗槁矣。天油然作云,沛然下雨,则苗浡然兴之矣。其如是,孰能御之?今夫天下之人牧,未有不嗜杀人者也,如有不嗜杀人者,则天下之民皆引领而望之矣。诚如是也,民归之,由水之就下。沛然谁能御之?'"

七

齐宣王问曰:"齐桓、晋文之事可得闻乎?"

孟子对曰："仲尼之徒无道桓、文之事者，是以后世无传焉。臣未之闻也。无以，则王乎？"

曰："德何如，则可以王矣？"曰："保民而王，莫之能御也。"曰："若寡人者，可以保民乎哉？"曰："可。"曰："何由知吾可也？"曰："臣闻之胡龁曰，王坐于堂上，有牵牛而过堂下者，王见之，曰：'牛何之？'对曰：'将以衅钟。'王曰：'舍之！吾不忍其觳觫，若无罪而就死地。'对曰：'然则废衅钟与？'曰：'何可废也？以羊易之！'不识有诸？"曰："有之。"曰："是心足以王矣。百姓皆以王为爱也，臣固知王之不忍也。"王曰："然。诚有百姓者。齐国虽褊小，吾何爱一牛？即不忍其觳觫，若无罪而就死地，故以羊易之也。"曰："王无异于百姓之以王为爱也。以小易大，彼恶知之？王若隐其无罪而就死地，则牛羊何择焉？"王笑曰："是诚何心哉？我非爱其财。而易之以羊也，宜乎百姓之谓我爱也。"曰："无伤也，是乃仁术也，见牛未见羊也。君子之于禽兽也，见其生，不忍见其死；闻其声，不忍食其肉。是以君子远庖厨也。"

王说曰："诗云：'他人有心，予忖度之。'夫子之谓也。夫我乃行之，反而求之，不得吾心。夫子言之，于我心有戚戚焉。此心之所以合于王者，何也？"曰："有复于王者曰：'吾力足以举百钧'，而不足以举一羽；'明足以察秋毫之末'，而不见舆薪，则王许之乎？"曰："否。""今恩足以及禽兽，而功不至于百姓者，独何与？然则一羽之不举，为不用力焉；舆薪之不见，为不用明焉，百姓之不见保，为不用恩焉。故王之不王，不为也，非不能也。"曰："不为者与不能者之形何以异？"曰："挟太山以超北海，语人曰'我不能'，是诚不能也。为长者折枝，语人曰'我不能'，是不为也，非不能也。故王之不王，非挟太山以超北海之类也；王之不王，是折枝之类也。老吾老，以及人之老；幼吾幼，以及人之幼。天下可运于掌。诗云：'刑于寡妻，至于兄弟，以御于家邦。'言举斯心加诸彼而已。故推恩足以保四海，不推恩无以保妻子。古之人所以大过人者无他焉，善推其所为而已矣。今恩足以及禽兽，而功不至于百姓者，独何与？权，然后知轻重；度，然后知长短。物皆然，心为甚。王请度之！抑王兴甲兵，危士臣，构怨于诸侯，然后快于心与？”王曰：“否。吾何快于是？将以求吾所大欲也。”

曰：“王之所大欲可得闻与？”王笑而不言。曰：“为肥甘不足于口与？轻暖不足于体与？抑为采色不足视于目与？声音不足听于耳与？便嬖不足使令于前与？王之诸臣皆足以供之，而王岂为是哉？”曰：“否。吾不为是也。”曰：“然则王之所大欲可知已。欲辟土地，朝秦楚，莅中国而抚四夷也。以若所为求若所欲，犹缘木而求鱼也。”曰：“若是其甚与？”曰：“殆有甚焉。缘木求鱼，虽不得鱼，无后灾。以若所为，求若所欲，尽心力而为之，后必有灾。”曰：“可得闻与？”曰：“邹人与楚人战，则王以为孰胜？”曰：“楚人胜。”曰：“然则小固不可以敌大，寡固不可以敌众，弱固不可以敌强。海内之地方千里者九，齐集有其一。以一服八，何以异于邹敌楚哉？盖亦反其本矣。今王发政施仁，使天下仕者皆欲立于王之朝，耕者皆欲耕于王之野，商贾皆欲藏于王之市，行旅皆欲出于王之涂，天下之欲疾其君者皆欲赴想于王。其若是，孰能御之？”

王曰：“吾惛，不能进于是矣。愿夫子辅吾志，明以教我。我虽不敏，请尝试之。”曰：“无恒产而有恒心者，惟士为能。若民，则无恒产，因无恒心。苟无恒心，放辟，邪侈，无不为已。及陷于罪，然后从而刑之，是罔民也。焉有仁人在位，罔民而可为也？是故明君制民之产，必使仰足以事父母，俯足以畜妻子，乐岁终身饱，凶年免于死亡。然后驱而之善，故民之从之也轻。今也制民之产，仰不足以事父母，俯不足以畜妻子，乐岁终身苦，凶年不免于死亡。此惟救死而恐不赡，奚暇治礼义哉？王欲行之，则盍反其本矣。五亩之宅，树之以桑，五十者可以衣帛矣；鸡豚狗彘之畜，无失其时，七十者可以食肉矣；百亩之田，勿夺其时，八口之家可以无饥矣；谨庠序之教，申之以孝悌之义，颁白者不负戴于道路矣。老者衣帛食肉，黎民不饥不寒，然而不王者，未之有也。"

卷二 梁惠王下

一

庄暴见孟子，曰："暴见于王，王语暴以好乐，暴未有以对也。"曰："好乐何如？"孟子曰："王之好乐甚，则齐国其庶几乎！"

他日见于王曰："王尝语庄子以好乐，有诸？"王变乎色，曰："寡人非能好先王之乐也，直好世俗之乐耳。"曰："王之好乐甚，则齐其庶几乎！今之乐犹古之乐也。"曰："可得闻与？"曰："独乐乐，与人乐乐，孰乐？"曰："不若与人。"曰："与少乐乐，与众乐乐，孰乐？"曰："不若与众。"

"臣请为王言乐：今王鼓乐于此，百姓闻王钟鼓之声，管钥之音，举疾首蹙頞而相告曰：'吾王之好鼓乐，夫何使我至于此极也？父子不相见。兄弟妻子离散。'今王田猎于此，百姓闻王车马之音，见羽旄之美，举疾首蹙頞而相告曰：'吾王之好田猎，夫何使我至于此极也？父子不相见，兄弟妻子离散。'此无他，不与民同乐也。

今王鼓乐于此，百姓闻王钟鼓之声，管钥之音，举欣欣然有喜色而相告曰：'吾王庶几无疾病与？何以能鼓乐也？'今王田猎于此，百姓闻王车马之音，见羽旄之美，举欣欣然有喜色而相告曰'吾王庶几无疾病与？何以能田猎也？'此无他，与民同乐也。今王与百姓同乐，则王矣。"

二

齐宣王问曰："文王之囿方七十里，有诸？"孟子对曰："于传有之。"

曰："若是其大乎？"曰："民犹以为小也。"曰："寡人之囿方四十里，民犹以为大，何也？"曰："文王之囿方七十里，刍荛者往焉，雉兔者往焉，与民同之。民以为小，不亦宜乎？臣始至于境，问国之大禁，然后敢入。臣闻郊关之内有囿方四十里，杀其麋鹿者如杀人之罪。则是方四十里，为阱于国中。民以为大，不亦宜乎？"

三

齐宣王问曰："交邻国有道乎？"

孟子对曰："有。惟仁者为能以大事小，是故汤事葛，文王事昆夷；惟智者为能以小事大，故大王事獯鬻，句践事吴。以大事小者，乐天者也；以小事大者，畏天者也。乐天者保天下，畏天者保其国。诗云：'畏天之威，于时保之。'"

王曰："大哉言矣！寡人有疾，寡人好勇。"

对曰："王请无好小勇。夫抚剑疾视曰，'彼恶敢当我哉'！此匹夫之勇，敌一人者也。王请大之！诗云：'王赫斯怒。爰整其旅，以遏徂莒，以笃周祜，以对于天下。'此文王之勇也。文王一怒而安天下之民。书曰：'天降下民，作之君，作之师。惟曰其助上帝，宠之四方。有罪无罪，惟我在，天下曷敢有越厥志？'一人衡行于天下，武王耻之。此武王之勇也。而武王亦一怒而安天下之民。今王亦一怒而安天下之民，民惟恐王之不好勇也。"

四

齐宣王见孟子于雪宫。王曰："贤者亦有此乐乎？"

孟子对曰："有。人不得，则非其上矣。不得而非其上者，非也；为民上而不与民同乐者，亦非也。乐民之乐者，民亦乐其乐；忧民之忧者，民亦忧其忧。乐以天下，忧以天下，然而不王者，未之有也。昔者齐景公问于晏子曰：'吾欲观于转附、朝舞，遵海而南，放于琅邪。吾何修而可以比于先王观也？'晏子对曰：'善哉问也！天子适诸侯曰巡狩，巡狩者巡所守也；诸侯朝于天子曰述职，述职者述所职也。无非事者。春省耕而补不足，秋省敛而助不给。夏谚曰：'吾王不游，吾何以休？吾王不豫。吾何以助？一游一豫，为诸侯度。'今也不然：师行而粮食，饥者弗食，劳者弗息。睊睊胥谗，民乃作慝。方命虐民，饮食若流。流连荒亡，为诸侯忧。从流下而忘反谓之流，从流上而忘反谓之连，从兽无厌谓之荒，乐酒无厌谓之亡。先王无流连之乐，荒亡之行。惟君所行也。'景公说，大戒于国。出舍于郊。于是始兴发补不足。召大师曰：'为我作君臣相说之乐！'盖征招角招是也。其诗曰：'畜君何尤？'畜君者，好君也。"

五

齐宣王问曰："人皆谓我毁明堂。毁诸？已乎？"

孟子对曰："夫明堂者，王者之堂也。王欲行王政，则勿毁之矣。"王曰："王政可得闻与？"

对曰："昔者文王之治岐也，耕者九一，仕者世禄，关市讥而不征，泽梁无禁，罪人不孥。老而无妻曰鳏。老而无夫曰寡。老而无子曰独。幼而无父曰孤。此四者，天下之穷民而无告者。文王发政施仁，必先斯四者。诗云：'哿矣富人，哀此茕独。'"王曰："善哉言乎！"

曰："王如善之，则何为不行？"王曰："寡人有疾，寡人好货。"

对曰："昔者公刘好货；诗云：'乃积乃仓，乃裹糇粮，于橐于囊。思戢用光。弓矢斯张，干戈戚扬，爰方启行。'故居者有积仓，行者有裹粮也，然后可以爰方启行。王如好货，与百姓同之，于王何有？"王曰："寡人有疾，寡人好色。"

对曰："昔者大王好色，爱厥妃。诗云：'古公亶甫，来朝走马，率西水浒，至于岐下。爰及姜女，聿来胥宇。'当是时也，内无怨女，外无旷夫。王如好色，与百姓同之，于王何有？"

六

孟子谓齐宣王曰："王之臣有托其妻子于其友，而之楚游者。比其反也，则冻馁其妻子，则如之何？"王曰："弃之。"

曰："士师不能治士，则如之何？"王曰："已之。"

曰："四境之内不治，则如之何？"王顾左右而言他。

七

孟子见齐宣王曰："所谓故国者，非谓有乔木之谓也，有世臣之谓也。王无亲臣矣，昔者所进，今日不知其亡也。"

王曰："吾何以识其不才而舍之？"

曰："国君进贤，如不得已，将使卑踰尊，疏踰戚，可不慎与？左右皆曰贤，未可也；诸大夫皆曰贤，未可也；国人皆曰贤，然后察之；见贤焉，然后用之。左右皆曰不可，勿听；诸大夫皆曰不可，勿听；国人皆曰不可，然后察之；见不可焉，然后去之。左右皆曰可杀，勿听；诸大夫皆曰可杀，勿听；国人皆曰可杀，然后察之；见可杀焉，然后杀之。故曰，国人杀之也。如此，然后可以为民父母。"

八

齐宣王问曰："汤放桀，武王伐纣，有诸？"孟子对曰："于传有之。"

曰："臣弑其君，可乎？"

曰："贼仁者谓之贼，贼义者谓之残，残贼之人谓之一夫。闻诛一夫纣矣，未闻弑君也。"

九

孟子见齐宣王曰："为巨室，则必使工师求大木。工师得大木。则王喜，以为能胜其任也。匠人斲而小之，则王怒，以为不胜其任矣。夫人幼而学之，壮而欲行之。王曰'姑舍女所学而从我'，则何如？今有璞玉于此，虽万镒，必使玉人雕琢之。至于治国家，则曰'姑舍女所学而从我'，则何以异于教玉人雕琢玉哉？"

十

齐人伐燕，胜之。宣王问曰："或谓寡人勿取，或谓寡人取之。以万乘之国伐万乘之国，五旬而举之，人力不至于此。不取，必有天殃。取之，何如？"

孟子对曰："取之而燕民悦，则取之。古之人有行之者，武王是也。取之而燕民不悦，则勿取。古之人有行之者，文王是也。以万乘之国伐万乘之国，箪食壶浆，以迎王师。岂有他哉？避水火也。如水益深，如火益热，亦运而已矣。"

十一

齐人伐燕，取之。诸侯将谋救燕。宣王曰："诸侯多谋伐寡人者，何以待之？"

孟子对曰："臣闻七十里为政于天下者，汤是也。米闻以千里畏人者也。书曰：'汤一征，自葛始。'天下信之。'东面而征，西夷怨；南面而征，北狄怨。曰，奚为后我？'民望之，若大旱之望云霓也。归市者不止，耕者不变。诛其君而吊其民，若时雨降，民大悦。书曰：'徯我后，后来其苏。'"今燕虐其民，王往而征之。民以为将拯己于水火之中也，箪食壶

浆，以迎王师。若杀其父兄，系累其子弟，毁其宗庙，迁其重器，如之何
其可也？天下固畏齐之强也。今又倍地而不行仁政，是动天下之兵也。王
速出令，反其旄倪，止其重器，谋于燕众，置君而后去之，则犹可及
止也。"

十二

邹与鲁哄。穆公问曰："吾有司死者三十三人，而民莫之死也。诛之，
则不可胜诛；不诛，则疾视其长上之死而不救，如之伺则可也？"

孟子对曰："凶年饥岁，君之民老弱转乎沟壑，壮者散而之四方者，
几千人矣；而君之仓廪实，府库充，有司莫以告，是上慢而残下也。曾子
曰：'戒之戒之！出乎尔者，反乎尔者也。'夫民今而后得反之也。君无尤
焉。君行仁政，斯民亲其上、死其长矣。"

十三

滕文公问曰："滕，小国也，间于齐楚。事齐乎？事楚乎？"孟子对
曰："是谋非吾所能及也。无已，则有一焉：凿斯池也，筑斯城也，与民
守之，效死而民弗去，则是可为也。"

十四

滕文公问曰："齐人将筑薛，吾甚恐。如之何则可？"

孟子对曰："昔者大王居邠，狄人侵之，去之岐山之下居焉。非择而
取之，不得已也。苟为善，后世子孙必有王者矣。君子创业垂统，为可继
也。若夫成功，则天也。君如彼何哉？强为善而已矣。"

十五

滕文公问曰："滕，小国也。竭力以事大国，则不得免焉。如之何则可？"

孟子对曰："昔者大王居邠，狄人侵之。事之以皮币，不得免焉；事之以犬马，不得免焉；事之以珠玉，不得免焉。乃属其耆老而告之曰：'狄人之所欲者，吾土地也。吾闻之也：君子不以其所以养人者害人。二三子何患乎无君？我将去之。'去邠，踰梁山，邑于岐山之下居焉。邠人曰：'仁人也，不可失也。'从之者如归市。或曰：'世守也，非身之所能为也。效死勿去。'君请择于斯二者。"

十六

鲁平公将出。嬖人臧仓者请曰："他日君出，则必命有司所之。今乘舆已驾矣，有司未知所之。敢请。"公曰："将见孟子。"

曰："何哉？君所为轻身以先于匹夫者，以为贤乎？礼义由贤者出。而孟子之后丧踰前丧。君无见焉！"公曰："诺。"

乐正子入见，曰："君奚为不见孟轲也？"曰："或告寡人曰，'孟子之后丧踰前丧'，是以不往见也。"

曰："何哉君所谓踰者？前以士，后以大夫；前以三鼎，而后以五鼎与？"曰："否。谓棺椁衣衾之美也。"

曰："非所谓踰也，贫富不同也。"乐正子见孟子，曰："克告于君，君为来见也。嬖人有臧仓者沮君，君是以不果来也。"

曰："行或使之，止或尼之。行止，非人所能也。吾之不遇鲁侯，天也。臧氏之子焉能使予不遇哉？"

卷三　公孙丑上

一

公孙丑问曰："夫子当路于齐，管仲、晏子之功，可复许乎？"

孟子曰："子诚齐人也，知管仲、晏子而已矣。或问乎曾西曰：'吾子与子路孰贤？'曾西蹵然曰：'吾先子之所畏也。'曰：'然则吾子与管仲孰贤？'曾西艴然不悦，曰：'尔何曾比予于管仲？管仲得君，如彼其专也；行乎国政，如彼其久也；功烈，如彼其卑也。尔何曾比予于是？'"

曰："管仲，曾西之所不为也，而子为我愿之乎？"

曰："管仲以其君霸，晏子以其君显。管仲、晏子犹不足为与？"

曰："以齐王，由反手也。"

曰："若是，则弟子之惑滋甚。且以文王之德，百年而后崩，犹未洽于天下；武王、周公继之，然后大行。今言王若易然，则文王不足法与？"

曰："文王何可当也？由汤至于武丁，贤圣之君六七作。天下归殷久矣，久则难变也。武丁朝诸侯有天下，犹运之掌也。纣之去武丁未久也，其故家遗俗，流风善政，犹有存者；又有微子、微仲、王子比干、箕子、胶鬲皆贤人也，相与辅相之，故久而后失之也。尺地莫非其有也，一民莫非其臣也，然而文王犹方百里起，是以难也。齐人有言曰：'虽有智慧，不如乘势；虽有镃基，不如待时。'今时则易然也。夏后、殷、周之盛，地未有过千里者也，而齐有其地矣；鸡鸣狗吠相闻，而达乎四境，而齐有其民矣。地不改辟矣，民不改聚矣，行仁政而王，莫之能御也。且王者之不作，未有疏于此时者也；民之憔悴于虐政，未有甚于此时者也。饥者易为食，渴者易为饮。孔子曰：'德之流行，速于置邮而传命。'当今之时，万乘之国行仁政，民之悦之，犹解倒悬也。故事半古之人，功必倍之，惟此时为然。"

二

公孙丑问曰："夫子加齐之卿相，得行道焉，虽由此霸王不异矣。如此，则动心否乎？"

孟子曰："否。我四十不动心。"

曰："若是，则夫子过孟贲远矣。"

曰："是不难，告子先我不动心。"

曰："不动心有道乎？"

曰："有。北宫黝之养勇也，不肤挠，不目逃，思以一豪挫于人，若挞之于市朝。不受于褐宽博，亦不受于万乘之君。视刺万乘之君，若刺褐夫。无严诸侯。恶声至，必反之。孟施舍之所养勇也，曰：'视不胜犹胜也。量敌而后进，虑胜而后会，是畏三军者也。舍岂能为必胜哉？能无惧而已矣。'孟施舍似曾子，北宫黝似子夏。夫二子之勇，未知其孰贤，然而孟施舍守约也。昔者曾子谓子襄曰：'子好勇乎？吾尝闻大勇于夫子矣：自反而不缩，虽褐宽博，吾不惴焉；自反而缩，虽千万人，吾往矣。'孟施舍之守气，又不如曾子之守约也。"

曰："敢问夫子之不动心，与告子之不动心，可得闻与？"

"告子曰：'不得于言，勿求于心；不得于心，勿求于气。'不得于心，勿求于气，可；不得于言，勿求于心，不可。夫志，气之帅也；气，体之充也。夫志至焉，气次焉。故曰：'持其志，无暴其气。'"

"既曰'志至焉，气次焉'，又曰'持其志无暴其气'者，何也？"

曰："志壹则动气，气壹则动志也。今夫蹶者趋者，是气也，而反动其心。"

"敢问夫子恶乎长？"

曰："我知言，我善养吾浩然之气。"

"敢问何谓浩然之气？"

曰："难言也。其为气也，至大至刚，以直养而无害，则塞于天地之间。其为气也，配义与道；无是，馁也。是集义所生者，非义袭而取之也。行有不慊于心，则馁矣。我故曰，告子未尝知义，以其外之也。必有事焉而勿正，心勿忘，勿助长也。无若宋人然：宋人有闵其苗之不长而揠之者，芒芒然归。谓其人曰：'今日病矣，予助苗长矣。'其子趋而往视之，苗则槁矣。天下之不助苗长者寡矣。以为无益而舍之者，不耘苗者也；助之长者，揠苗者也。非徒无益，而又害之。"

"何谓知言？"

曰："诐辞知其所蔽，淫辞知其所陷，邪辞知其所离，遁辞知其所穷。生于其心，害于其政；发于其政，害于其事。圣人复起，必从吾言矣。"

"宰我、子贡善为说辞，冉牛、闵子、颜渊善言德行。孔子兼之，曰：'我于辞命则不能也。'然则夫子既圣矣乎？"

曰："恶！是何言也？昔者子贡、问于孔子曰：'夫子圣矣乎？'孔子曰：'圣则吾不能，我学不厌而教不倦也。'子贡曰：'学不厌，智也；教不倦，仁也。仁且智，夫子既圣矣！'夫圣，孔子不居，是何言也？"

"昔者窃闻之：子夏、子游、子张皆有圣人之一体，冉牛、闵子、颜渊则具体而微。敢问所安。"

曰："姑舍是。"

曰："伯夷、伊尹何如？"

曰："不同道。非其君不事，非其民不使；治则进，乱则退，伯夷也。何事非君，何使非民；治亦进，乱亦进，伊尹也。可以仕则仕，可以止则止，可以久则久，可以速则速，孔子也。皆古圣人也，吾未能有行焉；乃所愿，则学孔子也。"

"伯夷、伊尹于孔子，若是班乎？"

曰："否。自有生民以来，未有孔子也。"

曰："然则有同与？"

曰："有。得百里之地而君之，皆能以朝诸侯有天下。行一不义、杀一不辜而得天下，皆不为也。是则同。"

曰："敢问其所以异？"

曰："宰我、子贡、有若智足以知圣人。污，不至阿其所好。宰我曰：'以予观于夫子，贤于尧舜远矣。'子贡曰：'见其礼而知其政，闻其乐而知其德。由百世之后，等百世之王，莫之能违也。自生民以来，未有夫子也。'有若曰：'岂惟民哉？麒麟之于走兽，凤凰之于飞鸟，太山之于丘垤，河海之于行潦，类也。圣人之于民，亦类也。出于其类，拔乎其萃，自生民以采，未有盛于孔子也。'"

三

孟子曰："以力假仁者霸，霸必有大国，以德行仁者王，王不待大。汤以七十里，文王以百里。以力服人者，非心服也，力不赡也；以德服人者，中心悦而诚服也，如七十子之服孔子也。诗云：'自西自东，自南自北，无思不服。'此之谓也。"

四

孟子曰："仁则荣，不仁则辱。今恶辱而居不仁，是犹恶湿而居下也。

如恶之，莫如贵德而尊士，贤者在位，能者在职。国家闲暇，及是时明其政刑。虽大国，必畏之矣。诗云：'迨天之未阴雨，彻彼桑土，绸缪牖户。今此下民，或敢侮予？'孔子曰：'为此诗者，其知道乎！能治其国家，谁敢侮之？'

今国家闲暇，及是时般乐怠敖，是自求祸也。祸福无不自己求之者。诗云：'永言配命，自求多福。'太甲曰：'天作孽，犹可违；自作孽，不可活.' 此之谓也。"

五

孟子曰："尊贤使能，俊杰在位，则天下之士皆悦而愿立于其朝矣。市廛而不征，法而不廛，则天下之商皆悦而愿藏于其市矣。关讥而不征，则天下之旅皆悦而愿出于其路矣。耕者助而不税。则天下之农皆悦而愿耕于其野矣。廛无夫里之布，则天下之民皆悦而愿为之氓矣。信能行此五者，则邻国之民仰之若父母矣。率其子弟，攻其父母，自生民以来，未有能济者也。如此，则无敌于天下。无敌于天下者，天吏也。然而不王者，未之有也。"

六

孟子曰："人皆有不忍人之心。先王有不忍人之心，斯有不忍人之政矣。以不忍人之心，行不忍人之政，治天下可运之掌上。

所以谓人皆有不忍人之心者，今人乍见孺子将入于井。皆有怵惕恻隐之心。非所以内交于孺子之父母也，非所以要誉于乡党朋友也，非恶其声而然也。

由是观之，无恻隐之心，非人也；无羞恶之心，非人也；无辞让之心，非人也；无是非之心，非人也。恻隐之心。仁之端也；羞恶之心，义之端也；辞让之心，礼之端也；是非之心，智之端也。人之有是四端也，犹其有四体也。有是四端而自谓不能者，自贼者也；谓其君不能者，贼其君者也。

凡有四端于我者，知皆扩而充之矣，若火之始然，泉之始达。苟能充之，足以保四海；苟不充之，不足以事父母。"

七

孟子曰："矢人岂不仁于函人哉？矢人唯恐不伤人，函人唯恐伤人。巫匠亦然，故术不可不慎也。孔子曰：'里仁为美。择不处仁，焉得智？'夫仁，天之尊爵也，人之安宅也。莫之御而不仁，是不智也。不仁、不智、无礼、无义，人役也。人役而耻为役，由弓人而耻为弓，矢人而耻为矢也。如耻之，莫如为仁。仁者如射，射者正己而后发。发而不中，不怨胜己者，反求诸己而已矣。"

八

孟子曰："子路，人告之以有过则喜。禹闻善言则拜。大舜有大焉，善与人同。舍己从人，乐取于人以为善。耕、稼、陶、渔以至为帝，无非取于人者。取诸人以为善，是与人为善者也。故君子莫大乎与人为善。"

九

孟子曰："伯夷，非其君不事，非其友不友。不立于恶人之朝，不与恶人言。立于恶人之朝，与恶人言，如以朝衣朝冠坐于涂炭。推恶恶之心，思与乡人立，其冠不正。望望然去之，若将浼焉。是故诸侯虽有善其辞命而至者，不受也。不受也者，是亦不屑就已。柳下惠，不羞污君，不卑小官。进不隐贤，必以其道。遗佚而不怨，阨穷而不悯。故曰：'尔为尔，我为我，虽袒裼裸裎于我侧，尔焉能浼我哉？'故由由然与之偕而不自失焉，援而止之而止。援而止之而止者。是亦不屑去已。"

孟子曰："伯夷隘，柳下惠不恭。隘与不恭，君子不由也。"

卷四 公孙丑下

一

孟子曰："天时不如地利，地利不如人和。三里之城，七里之郭，环而攻之而不胜。夫环而攻之，必有得天时者矣；然而不胜者，是天时不如地利也。城非不高也，池非不深也，兵革非不坚利也，米粟非不多也；委而去之，是地利不如人和也。

故曰：域民不以封疆之界，固国不以山溪之险，威天下不以兵革之利。得道者多助，失道者寡助。寡助之至，亲戚畔之；多助之至，天下顺之。以天下之所顺，攻亲戚之所畔；故君子有不战，战必胜矣。"

二

孟子将朝王，王使人来曰："寡人如就见者也，有寒疾，不可以风。朝，将视朝不识可使寡人得见乎？"对曰："不幸而有疾，不能造朝。"

明"昔者辞以病，今日吊，或者不可乎？"曰："昔者疾，今日愈，如之何不吊？"王使人问疾，医来。孟仲子对曰："昔者有王命，有采薪之忧，不能造朝。今病小愈，趋造于朝，我不识能至否乎？"使数人要于路，曰："请必无归，而造于朝！"不得已而之景丑氏宿焉。

景子曰："内则父子，外则君臣，人之大伦也。父子主恩，君臣主敬。丑见王之敬子也，未见所以敬王也。"

曰："恶！是何言也！齐人无以仁义与王言者，岂以仁义为不美也？其心曰'是何足与言仁义也'云尔，则不敬莫大乎是。我非尧舜之道，不敢以陈于王前，故齐人莫如我敬王也。"

景子曰："否，非此之谓也。礼曰：'父召，无诺；君命召，不俟驾。'固将朝也，闻王命而遂不果，宜与夫礼若不相似然。"

曰："岂谓是与？曾子曰：'晋楚之富，不可及也。彼以其富，我以吾仁；彼以其爵，我以吾义，吾何慊乎哉？'夫岂不义而曾子言之？是或一道也。天下有达尊三：爵一，齿一，德一。朝廷莫如爵，乡党莫如齿，辅世长民莫如德。恶得有其一，以慢其二哉？故将大有为之君，必有所不召之臣。欲有谋焉，则就之。其尊德乐道，不如是不足与有为也。故汤之于伊尹，学焉而后臣之，故不劳而王；桓公之于管仲，学焉而后臣之，故不劳而霸。今天下地丑德齐，莫能相尚。无他，好臣其所教，而不好臣其所受教。汤之于伊尹，桓公之于管仲，则不敢召。管仲且犹不可召，而况不为管仲者乎？"

三

陈臻问曰："前日于齐，王馈兼金一百而不受；于宋，馈七十镒而受；于薛，馈五十镒而受。前日之不受是，则今日之受非也；今日之受是，则前日之不受非也。夫子必居一于此矣。"

孟子曰："皆是也。皆适于义也。当在宋也，予将有远行。行者必以赆，辞曰：'馈赆。'予何为不受？当在薛也，予有戒心。辞曰：'闻戒。'故为兵馈之，予何为不受？若于齐，则未有处也。无处而馈之，是货之也。焉有君子而可以货取乎？"

四

孟子之平陆。谓其大夫曰："子之持戟之士，一日而三失伍，则去之否乎？"曰："不待三。"

"然则子之失伍也亦多矣。凶年饥岁，子之民，老羸转于沟壑，壮者散而之四方者，几千人矣。"曰："此非距心之所得为也。"

曰："今有受人之牛羊而为之牧之者，则必为之求牧与刍矣。求牧与刍而不得，则反诸其人乎？抑亦立而视其死与？"曰："此则距心之罪也。"

他日，见于王曰："王之为都者，臣知五人焉。知其罪者，惟孔距心。为王诵之。"王曰："此则寡人之罪也。"

五

孟子谓蚳鼃（去改圭）曰："子之辞灵丘而请士师，似也，为其可以言也。今既数月矣，未可以言与？"蚳鼃谏于王而不用，致为臣而去。齐人曰："所以为蚳鼃，则善矣；所以自为，则吾不知也。"公都子以告。

曰："吾闻之也：有官守者，不得其职则去；有言责者，不得其言则去。我无官守，我无言责也，则吾进退，岂不绰绰然有余裕哉？"

六

孟子为卿于齐，出吊于滕，王使盖大夫王驩为辅行。王驩朝暮见，反齐滕之路，未尝与之言行事也。

公孙丑曰："齐卿之位，不为小矣；齐滕之路，不为近矣。反之而未尝与言行事，何也？"

曰："夫既或治之，予何言哉？"

七

孟子自齐葬于鲁，反于齐，止于嬴。充虞请曰："前日不知虞之不肖，使虞敦匠事。严，虞不敢请。今愿窃有请也，木若以美然。"

曰："古者棺椁无度，中古棺七寸，椁称之。自天子达于庶人。非直为观美也，然后尽于人心。不得，不可以为悦；无财，不可以为悦。得之为有财，古之人皆用之，吾何为独不然？且比化者，无使土亲肤，于人心独无恔乎？吾闻之君子：不以天下俭其亲。"

八

沈同以其私问曰："燕可伐与？"

孟子曰："可。子哙不得与人燕，子之不得受燕于子哙。有仕于此，而子悦之，不告于王而私与之吾子之禄爵；夫士也，亦无王命而私受之于子，则可乎？何以异于是？"齐人伐燕。或问曰："劝齐伐燕，有诸？"

曰："未也。沈同问'燕可伐与'？吾应之曰'可'，彼然而伐之也。彼如曰'孰可以伐之'？则将应之曰：'为天吏，则可以伐之。'今有杀人者，或问之曰'人可杀与'？则将应之曰'可'。彼如曰'孰可以杀之'？则将应之曰：'为士师，则可以杀之。'今以燕伐燕，何为劝之哉？"

九

燕人畔。王曰："吾甚惭于孟子。"

陈贾曰："王无患焉。王自以为与周公，孰仁且智？"王曰："恶！是何言也？"

曰："周公使管叔监殷，管叔以殷畔。知而使之，是不仁也；不知而使之，是不智也。仁智，周公未之尽也，而况于王乎？贾请见而解之。"见孟子问曰："周公何人也？"

曰："古圣人也。"曰："使管叔监殷，管叔以殷畔也，有诸？"曰："然。"

曰："周公知其将畔而使之与？"曰："不知也。"

"然则圣人且有过与？"

曰："周公，弟也；管叔，兄也。周公之过，不亦宜乎？且古之君子，过则改之；今之君子，过则顺之。古之君子，其过也，如日月之食，民皆见之；及其更也，民皆仰之。今之君子，岂徒顺之，又从为之辞。"

十

孟子致为臣而归。王就见孟子，曰："前日愿见而不可得，得侍，同朝甚喜。今又弃寡人而归，不识可以继此而得见乎？"对曰："不敢请耳，固所愿也。"

他日，王谓时子曰："我欲中国而授孟子室，养弟子以万钟，使诸大夫国人皆有所矜式。子盍为我言之？"时子因陈子而以告孟子，陈子以时子之言告孟子。

孟子曰："然。夫时子恶知其不可也？如使予欲富，辞十万而受万，是为欲富乎？季孙曰：'异哉子叔疑！使己为政，不用，则亦已矣，又使其子弟为卿。人亦孰不欲富贵？而独于富贵之中，有私龙断焉。'古之为市也，以其所有易其所无者，有司者冶之耳。有贱丈夫焉，必求龙断而登之，以左右望而罔市利。人皆以为贱，故从而征之。征商，自此贱丈夫始矣。"

十一

孟子去齐，宿于昼。有欲为王留行者，坐而言。不应，隐几而卧。客不悦曰："弟子齐宿而后敢言，夫子卧而不听，请勿复敢见矣。"

曰："坐！我明语子。昔者鲁缪公无人乎子思之侧，则不能安子思；泄柳、申详，无人乎缪公之侧，则不能安其：身。子为长者虑，而不及子思，子绝长者乎？长者绝子乎？"

十二

孟子去齐。君士语人曰："不识王之不可以为汤武，则是不明也；识其不可，然且至，则是干泽也。千里而见王，不遇故去。三宿而后出昼，是何濡滞也？士则兹不悦。"高子以告。

曰："夫尹士恶知予哉？千里而见王。是予所欲也；不退故去，岂予所欲哉？予不得已也。予三宿而出昼，于予心犹以为速。王庶几改之。王如改诸，则必反予。夫出昼而王不予追也，予然后浩然有归志。予虽然，岂舍王哉？王由足用为善。王如用予，则岂徒齐民安，天下之民举安。王庶几改之，予日望之。予岂若是小丈夫然哉？谏于其君而不受，则怒，悻悻然见于其面。去则穷日之力而后宿哉？"

尹士闻之曰："士诚小人也。"

十三

孟子去齐。充虞路问曰："夫子若有不豫色然。前日虞闻诸夫子曰：'君子不怨天，不尤人。'"

曰："彼一时，此一时也。五百年必有王者兴，其间必有名世者。由周而来，七百有余岁矣。以其数则过矣，以其时考之则可矣。夫天，未欲平治天下也；如欲平治天下，当今之世，舍我其谁也？吾何为不豫哉？"

十四

孟子去齐，居休。公孙丑问曰："仕而不受禄，古之道乎？"

曰："非也。于崇，吾得见王。退而有去志，不欲变，故不受也。继而有师命，不可以请。久于齐，非我志也。"

卷五 滕文公上

一

滕文公为世子，将之楚，过宋而见孟子。孟子道性善，言必称尧舜。

世子自楚反，复见孟子。孟子曰："世子疑吾言乎？夫道一而已矣。成（间见）谓齐景公曰：'彼丈夫也，我丈夫也，吾何畏彼哉？'颜渊曰：'舜何人也？予何人也？有为者亦若是。'公明仪曰：'文王我师也，周公岂欺我哉？'

"今滕，绝长补短，将五十里也，犹可以为善国。书曰：'若药不瞑眩，厥疾不瘳。'"

二

滕定公薨。世子谓然友曰："昔者孟子尝与我言于宋，于心终不忘。今也不幸至于大故，吾欲使子问于孟子，然后行事。"然友之邹问于孟子。

孟子曰："不亦善乎！亲丧固所自尽也。曾子曰：'生，事之以礼；死，葬之以礼，祭之以礼，可谓孝矣。'诸侯之礼，吾未之学也；虽然，吾尝闻之矣。三年之丧，齐疏之服，饘粥之食，自天子达于庶人，三代共之。"然友反命，定为三年之丧。

父兄百官皆不欲，曰："吾宗国鲁先君莫之行，吾先君亦莫之行也，至于子之身而反之，不可。且志曰：'丧祭从先祖。'"

曰："吾有所受之也。"谓然友曰："吾他日未尝学问，好驰马试剑。今也父兄百官不我足也，恐其不能尽于大事，子为我问孟子。"然友复之邹问孟子。

孟子曰："然。不可以他求者也。孔子曰：'君薨，听于冢宰。歠粥，面深墨。即位而哭，百官有司，莫敢不哀，先之也。'上有好者，下必有甚焉者矣。'君子之德，风也；小人之德，草也。草尚之风必偃。'是在世子。"然友反命。

世子曰："然。是诚在我。"五月居庐，未有命戒。百官族人可谓曰知。及至葬，四方来观之，颜色之戚，哭泣之哀，吊者大悦。

<h2 style="text-align:center">三</h2>

滕文公问为国。孟子曰："民事不可缓也。诗云：'昼尔于茅，宵尔索绹；亟其乘屋，其始播百谷。'民之为道也，有恒产者有恒心，无恒产者无恒心。苟无恒心，放辟邪侈，无不为已。及陷乎罪，然后从而刑之，是罔民也。焉有仁人在位，罔民而可为也？是故贤君必恭俭礼下，取于民有制。阳虎曰：'为富不仁矣，为仁不富矣。'阳虎，阳货，鲁季氏家臣也。天理人欲，不容并立。虎之言此，恐为仁之害于富也；孟子引之，恐为富之害于仁也。君子小人，每相反而已矣。夏后氏五十而贡，殷人七十而助，周人百亩而彻，其实皆什一也。彻者，彻也；助者，借也。龙子曰：'治地莫善于助，莫不善于贡。贡者校数岁之中以为常。乐岁，粒米狼戾，多取之而不为虐，则寡取之；凶年，粪其田而不足，则必取盈焉。为民父母，使民盻盻然，将终岁勤动，不得以养其父母，又称贷而益之。使老稚转乎沟壑，恶在其为民父母也？'夫世禄，滕固行之矣。诗云：'雨我公田，遂及我私。'惟助为有公田。由此观之，虽周亦助也。设为庠序学校以教之：庠者，养也；校者，教也；序者，射也。夏曰校，殷曰序，周曰庠，学则三代共之，皆所以明人伦也。人伦明于上，小民亲于下。有王者起，必来取法，是为王者师也。诗云'周虽旧邦，其命惟新'，文王之谓也。子力行之，亦以新子之国。"使毕战问井地。

孟子曰："子之君将行仁政，选择而使子，子必勉之！夫仁政，必自经界始。经界不正，井地不钧，谷禄不平。是故暴君污吏必慢其经界。经界既正，分田制禄可坐而定也。夫滕壤地褊小，将为君子焉，将为野人焉。无君子莫治野人，无野人莫养君子。请野九一而助，国中什一使自赋。卿以下必有圭田，圭田五十亩。余夫二十五亩。死徙无出乡，乡田同井。出入相友，守望相助，疾病相扶持，则百姓亲睦。方里而井，井九百亩，其中为公田。八家皆私百亩，同养公田。公事毕，然后敢治私事，所以别野人也。此其大略也。若夫润泽之，则在君与子矣。"

四

有为神农之言者许行，自楚之滕，踵门而告文公曰："远方之人闻君行仁政，愿受一廛而为氓。"文公与之处，其徒数十人，皆衣褐，捆屦、织席以为食。

陈良之徒陈相与其弟辛，负耒耜而自宋之滕，曰："闻君行圣人之政，是亦圣人也，愿为圣人氓。"

陈相见许行而大悦，尽弃其学而学焉。陈相见孟子，道许行之言曰："滕君，则诚贤君也；虽然，未闻道也。贤者与民并耕而食，饔飧而治。今也滕有仓廪府库，则是厉民而以自养也，恶得贤？"

孟子曰："许子必种粟而后食乎？"曰："然。""许子必织布而后衣乎？"曰："否。许子衣褐。""许子冠乎？"曰："冠。"曰："奚冠？"曰："冠素。"曰："自织之与？"曰："否。以粟易之。"曰："许子奚为不自织？"曰："害于耕。"曰："许子以釜甑爨，以铁耕乎？"曰："然。""自为之与？"曰："否。以粟易之。"

"以粟易械器者，不为厉陶冶；陶冶亦以其械器易粟者，岂为厉农夫哉？且许子何不为陶冶。舍皆取诸其宫中而用之？何为纷纷然与百工交易？何许子之不惮烦？"曰："百工之事，固不可耕且为也。"

"然则治天下独可耕且为与？有大人之事，有小人之事。且一人之身，而百工之所为备。如必自为而后用之，是率天下而路也。故曰：或劳心，或劳力；劳心者治人，劳力者治于人；治于人者食人，治人者食于人；天下之通义也。

"当尧之时，天下犹未平，洪水横流，泛滥于天下。草木畅茂，禽兽繁殖，五谷不登，禽兽偪人。兽蹄鸟迹之道，交于中国。尧独忧之，举舜而敷治焉。舜使益掌火，益烈山泽而焚之，禽兽逃匿。禹疏九河，瀹济漯，而注诸海；决汝汉，排淮泗，而注之江，然后中国可得而食也。当是时也，禹八年于外，三过其门而不入，虽欲耕，得乎？

"后稷教民稼穑。树艺五谷，五谷熟而民人育。人之有道也，饱食、暖衣、逸居而无教，则近于禽兽。圣人有忧之，使契为司徒，教以人伦：父子有亲，君臣有义，夫妇有别，长幼有序，朋友有信。放勋曰：'劳之来之，匡之直之，辅之翼之，使自得之，又从而振德之。'圣人之忧民如此，而暇耕乎？

"尧以不得舜为己忧，舜以不得禹、皋陶为己忧。夫以百亩之不易为己忧者，农夫也。分人以财谓之惠，教人以善谓之忠，为天下得人者谓之仁。是故以天下与人易，为天下得人难。孔子曰：'大哉尧之为君！惟天为大，惟尧则之，荡荡乎民无能名焉！君哉舜也！巍巍乎有天下而不与焉！'尧舜之治天下，岂无所用其心哉？亦不用于耕耳。

"吾闻用夏变夷者，未闻变于夷者也。陈良，楚产也。悦周公、仲尼之道，北学于中国。北方之学者，未能或之先也。彼所谓豪杰之士也。子之兄弟事之数十年，师死而遂倍之。昔者孔子没，三年之外，门人治任将归，入揖于子贡，相向而哭，皆失声，然后归。子贡反，筑室于场，独居三年，然后归。他日，子夏、子张、子游以有若似圣人，欲以所事孔子事之，强曾子。曾子曰：'不可。江汉以濯之，秋阳以暴之，皜皜乎不可尚已。'今也南蛮鴃舌之人，非先王之道，子倍子之师而学之，亦异于曾子矣。吾闻出于幽谷迁于乔木者。末闻下乔木而入于幽谷者。鲁颂曰：'戎狄是膺，荆舒是惩。'周公方且膺之，子是之学，亦为不善变矣。"

"从许子之道，则市贾不贰，国中无伪。虽使五尺之童适市，莫之或欺。布帛长短同，则贾相若；麻缕丝絮轻重同。则贾相若；五谷多寡同，则贾相若；屦大小同，则贾相若。"

曰："夫物之不齐，物之情也；或相倍蓰，或相什伯，或相千万。子比而同之，是乱天下也。巨屦小屦同贾，人岂为之哉？从许子之道，相率而为伪者也，恶能治国家？"

五

墨者夷之，因徐辟而求见孟子。孟子曰："吾固愿见，今吾尚病，病愈，我且往见，夷子不来！"他日又求见孟子。

孟子曰："吾今则可以见矣。不直，则道不见；我且直之。吾闻夷子墨者。墨之治丧也，以薄为其道也。夷子思以易天下，岂以为非是而不贵也？然而夷子葬其亲厚，则是以所贱事亲也。"徐子以告夷子。

夷子曰："儒者之道，古之人'若保赤子'，此言何谓也？之则以为爱无差等，施由亲始。"徐子以告孟子。

孟子曰："夫夷子，信以为人之亲其兄之子为若亲其邻之赤子乎？彼有取尔也。赤子匍匐将入井，非赤子之罪也。且天之生物也，使之一本，而夷子二本故也。盖上世尝有不葬其亲者。其亲死，则举而委之于壑。他日过之，狐狸食之，蝇蚋姑嘬之。其颡有泚，睨而不视。夫泚也，非为人泚，中心达于面目。盖归反虆梩掩之。掩之诚是也，则孝子仁人之掩其亲，亦必有道矣。"徐子以告夷子。夷子怃然为闲曰："命之矣。"

卷六 滕文公下

一

陈代曰："不见诸侯，宜若小然；今一见之，大则以王。小则以霸。且志曰：'枉尺而直寻'，宜若可为也。"

孟子曰："昔齐景公田，招虞人以旌，不至，将杀之。志士不忘在沟壑，勇士不忘丧其元。孔子奚取焉？取非其招不往也，如不待其招而往，何哉？且夫枉尺而直寻者，以利言也。如以利，则枉寻直尺而利，亦可为与？昔者赵简子使王良与嬖奚乘，终日而不获一禽。嬖奚反命曰：'天下之贱工也。'或以告王良。良曰：'请复之。'强而后可，一朝而获十禽。嬖奚反命曰：'天下之良工也。'简子曰：'我使掌与女乘。'谓王良。良不可，曰：'吾为之范我驰驱，终日不获一；为之诡遇，一朝而获十'。诗云：'不失其驰，舍矢如破。'我不贯与小人乘，请辞。'御者且羞与射者比。比而得禽兽，虽若丘陵，弗为也。如枉道而从彼，何也？且子过矣，枉己者，未有能直人者也。"

二

景春曰："公孙衍、张仪岂不诚大丈夫哉？一怒而诸侯惧，安居而天下熄。"

孟子曰："是焉得为大丈夫乎？子未学礼乎？丈夫之冠也，父命之；女子之嫁也，母命之，往送之门，戒之曰：'往之女家，必敬必戒，无违夫子！'以顺为正者，妾妇之道也。居天下之广居，立天下之正位，行天下之大道。得志与民由之，不得志独行其道。富贵不能淫，贫贱不能移，威武不能屈。此之谓大丈夫。"

三

周霄问曰:"古之君子仕乎?"

孟子曰:"仕。传曰:'孔子三月无君,则皇皇如也,出疆必载质。'公明仪曰:'古之人三月无君则吊。'"

"三月无君则吊,不以急乎?"

曰:"士之失位也,犹诸侯之失国家也。礼曰:'诸侯耕助,以供粢盛;夫人蚕缫,以为衣服。牺牲不成,粢盛不洁,衣服不备,不敢以祭。惟士无田,则亦不祭。'牲杀器皿衣服不备,不敢以祭,则不敢以宴,亦不足吊乎?"

"出疆必载质,何也?"

曰:"士之仕也,犹农夫之耕也,农夫岂为出疆舍其耒耜哉?"

曰:"晋国亦仕国也,未尝闻仕如此其急。仕如此其急也,君子之难仕,何也?"

曰:"丈夫生而愿为之有室,女子生而愿为之有家。父母之心,人皆有之。不待父母之命、媒妁之言,钻穴隙相窥,踰墙相从,则父母国人皆贱之。古之人未尝不欲仕也,又恶不由其道。不由其道而往者,与钻穴隙之类也。"

四

彭更问曰:"后车数十乘,从者数百人,以传食于诸侯,不以泰乎?"

孟子曰:"非其道,则一箪食不可受于人;如其道,则舜受尧之天下,不以为泰,子以为泰乎?"

曰:"否。士无事而食,不可也。"

曰："子不通功易事，以羡补不足，则农有余粟，女有余布；子如通之，则梓匠轮舆皆得食于子。于此有人焉，入则孝，出则悌，守先王之道，以待后之学者，而不得食于子。子何尊梓匠轮舆而轻为仁义者哉？"

曰："梓匠轮舆，其志将以求食也；君子之为道也，其志亦将以求食与？"

曰："子何以其志为哉？其有功于子，可食而食之矣。且子食志乎？食功乎？"曰："食志。"

曰："有人于此，毁瓦画墁，其志将以求食也，则子食之乎？"曰："否。"

曰："然则子非食志也，食功也。"

五

万章问曰："宋，小国也。今将行王政，齐楚恶而伐之，则如之何？"

孟子曰："汤居亳，与葛为邻，葛伯放而不祀。汤使人问之曰：'何为不祀？'曰：'无以供牺牲也。'汤使遗之牛羊。葛伯食之，又不以祀。汤又使人问之曰：'何为不祀？'曰：'无以供粢盛也。'汤使亳众往为之耕，老弱馈食。葛伯率其民，要其有酒食黍稻者夺之，不授者杀之。有童子以黍肉饷，杀而夺之。书曰：'葛伯仇饷。'此之谓也。为其杀是童子而征之，四海之内皆曰：'非富天下也，为匹夫匹妇复雠也。''汤始征，自葛载'，十一征而无敌于天下。东面而征，西夷怨；南面而征，北狄怨，曰：'奚为后我？'民之望之，若大旱之望雨也。归市者弗止，芸者不变，诛其君，吊其民，如时雨降。民大悦。书曰：'徯我后，后来其无罚。''有攸不惟臣，东征，绥厥士女，匪厥玄黄，绍我周王见休，惟臣附于大邑周。'其君子实玄黄于匪以迎其君子，其小人箪食壶浆以迎其小人，救民于水火之中，取其残而已矣。太誓曰：'我武惟扬，侵于之疆，则取于残，杀伐用张，于汤有光。'不行王政云尔，苟行王政，四海之内皆举首而望之，欲以为君。齐楚虽大，何畏焉？"

六

孟子谓戴不胜曰："子欲子之王之善与？我明告子。有楚大夫于此，欲其子之齐语也，则使齐人傅诸？使楚人傅诸？"

曰："使齐人傅之。"

曰："一齐人傅之，众楚人咻之，虽日挞而求其齐也，不可得矣；引而置之庄岳之间数年，虽日挞而求其楚，亦不可得矣。子谓薛居州，善士也。使之居于王所。在于王所者，长幼卑尊，皆薛居州也，王谁与为不善？在王所者，长幼卑尊，皆非薛居州也，王谁与为善？一薛居州，独如宋王何？"

七

公孙丑问曰："不见诸侯，何义？"

孟子曰："古者不为臣不见。段干木瑜垣而辟之。泄柳闭门而不内，是皆已甚。迫，斯可以见矣。阳货欲见孔子而恶无礼，大夫有赐于士，不得受于其家，则往拜其门。阳货瞰孔子之亡也，而馈孔子蒸豚；孔子亦瞰其亡也，而往拜之。当是时，阳货先，岂得不见？曾子曰：'胁肩谄笑，病于夏畦。'子路曰：'未同而言，观其色赧赧然，非由之所知也。'由是观之，则君子之所养可知已矣。"

八

戴盈之曰："什一，去关市之征，今兹未能。请轻之，以待来年，然后已，何如？"

孟子曰："今有人日攘其邻之鸡者，或告之曰：'是非君子之道。'曰：

'请损之，月攘一鸡，以待来年，然后已。'如知其非义，斯速已矣，何待来年。"

九

公都子曰："外人皆称夫子好辩，敢问何也？"

孟子曰："予岂好辩哉？予不得已也。天下之生久矣，一治一乱。当尧之时，水逆行泛滥于中国，蛇龙居之，民无所定，下者为巢，上者为营窟。书曰：'洚水警余。'洚水者。洪水也。使禹治之。禹掘地而注之海，驱蛇龙而放之菹，水由地中行，江、淮、河、汉是也。险阻既远，鸟兽之害人者消，然后人得平土而居之。

"尧舜既没，圣人之道衰，暴君代作，坏宫室以为污池，民无所安息，弃田以为园囿，使民不得衣食，邪说暴行又作，园囿污池，沛泽多而禽兽至，及纣之身，天下又大乱。周公相武王，诛纣伐奄，三年讨其君，驱飞廉于海隅而戮之，灭国者五十，驱虎豹犀象而远之，天下大悦。书曰：'丕显哉，文王谟，丕承哉，武王烈，佑启我后人，咸以正无缺。'

"世衰道微，邪说暴行有作，臣弑其君者有之，子弑其父者有之。孔子惧，作春秋。春秋，天子之事也。是故孔子曰：'知我者，其惟春秋乎；罪我者，其惟春秋乎。'

"圣王不作，诸侯放恣，处士横议，杨朱墨翟之言，盈天下，天下之言，不归杨则归墨。杨氏为我，是无君也；墨氏兼爱，是无父也。无父无君。是禽兽也。公明仪曰：'庖有肥肉，厩有肥马，民有饥色，野有饿莩，此率兽而食人也。'杨墨之道不息，孔子之道不著，是邪说诬民，充塞仁义也。仁义充塞，则率兽食人，人将相食。吾为此惧。闲先圣之道，距杨墨，放淫辞，邪说者，不得作，作于其心，害于其事，作于其事，害于其政，圣人复起，不易吾言矣。

"昔者禹抑洪水，而天下平；周公兼夷狄，驱猛兽，而百姓宁；孔子成春秋，而乱臣贼子惧。诗云：'戎狄是膺，荆舒是惩，则莫我敢承。'无父无君，是周公所膺也。我亦欲正人心，息邪说，距诐行，放淫辞，以承三圣者。岂好辩哉？予不得已也。能言距杨墨者，圣人之徒也。"

十

匡章曰："陈仲子岂不诚廉士哉？居于陵，三日不食，耳无闻，目无见也。井上有李，螬食实者过半矣，匍匐往将食之，三咽，然后耳有闻，目有见。"

孟子曰："于齐国之士，吾必以仲子为巨擘焉。虽然，仲子恶能廉？充仲子之操，则蚓而后可者也。夫蚓，上食槁壤，下饮黄泉。仲子所居之室。伯夷之所筑与？抑亦盗跖之所筑与？所食之粟，伯夷之所树与？抑亦盗跖之所树与？是未可知也。"

曰："是何伤哉？彼身织屦，妻辟纑，以易之也。"

曰："仲子，齐之世家也。兄戴，盖禄万钟。以兄之禄为不义之禄而不食也，以兄之室为不义之室而不居也，辟兄离母，处于于陵。他日归，则有馈其兄生鹅者，己频顣曰：'恶用是鶃鶃者为哉？'他日，其母杀是鹅也，与之食之。其兄自外至，曰：'是鶃鶃之肉也。'出而哇之。以母则不食，以妻则食之；以兄之室则弗居，以于陵则居之。是尚为能充其类也乎？若仲子者，蚓而后充其操者也。"

卷七　离娄上

一

孟子曰："离娄之明，公输子之巧，不以规矩，不能成方员；师旷之聪，不以六律，不能正五音；尧舜之道，不以仁政，不能平治天下。

"今有仁心仁闻而民不被其泽，不可法于后世者，不行先王之道也。故曰，徒善不足以为政，徒法不能以自行。诗云：'不愆不忘，率由旧章。'遵先王之法而过者，未之有也。

"圣人既竭目力焉，继之以规矩准绳，以为方员平直，不可胜用也；既竭耳力焉，继之以六律，正五音，不可胜用也；既竭心思焉，继之以不忍人之政，而仁覆天下矣。故曰，为高必因丘陵，为下必因川泽。为政不因先王之道，可谓智乎？是以惟仁者宜在高位。不仁而在高位，是播其恶于众也。

"上无道揆也。下无法守也，朝不信道，工不信度，君子犯义，小人犯刑，国之所存者幸也。故曰：城郭不完，兵甲不多，非国之灾也；田野不辟，货财不聚，非国之害也。上无礼，下无学，贼民兴，丧无日矣。

"诗曰：'天之方蹶，无然泄泄。'泄泄，犹沓沓也。事君无义，进退无礼，言则非先王之道者，犹沓沓也。故曰：责难于君谓之恭，陈善闭邪谓之敬，吾君不能谓之贼。"

二

孟子曰："规矩，方员之至也；圣人，人伦之至也。欲为君尽君道，欲为臣尽臣道，二者皆法尧舜而已矣。不以舜之所以事尧事君，不敬其君者也；不以尧之所以治民治民，贼其民者也。孔子曰：'道二：仁与不仁而已矣。'暴其民甚，则身弑国亡；不甚，则身危国削。名之曰'幽厉'，虽孝子慈孙，百世不能改也。诗云'殷鉴不远，在夏后之世'，此之谓也。"

三

孟子曰："三代之得天下也以仁，其失天下也以不仁。国之所以废兴存亡者亦然。天子不仁，不保四海；诸侯不仁，不保社稷；卿大夫不仁，不保宗庙；士庶人不仁，不保四体。恶死亡而乐不仁，是犹恶醉而强酒。"

四

孟子曰："爱人不亲反其仁，治人不治反其智，礼人不答反其敬。行有不得者，皆反求诸己，其身正而天下归之。诗云：'永言配命，自求多福。'"

五

孟子曰："人有恒言，皆曰'天下国家'。天下之本在国，国之本在家，家之本在身。"

六

孟子曰："为政不难，不得罪于巨室。巨室之所慕，一国慕之；一国之所慕，天下慕之；故沛然德教溢乎四海。"

七

孟子曰："天下有道，小德役大德，小贤役大贤；天下无道，小役大，弱役强。斯二者天也。顺天者存，逆天者亡。齐景公曰：'既不能令，又不受命，是绝物也。'涕出而女于吴。今也小国师大国而耻受命焉，是犹弟子而耻受命于先师也。如耻之，莫若师文王。师文王，大国五年，小国七年，必为政于天下矣。诗云：'商之孙子，其丽不亿。上帝既命，侯于周服。侯服于周，天命靡常。殷士肤敏，裸将于京。'孔子同：'仁不可为众也。夫国君好仁，天下无敌。'今也欲无敌于天下而不以仁，是犹执热而不以濯也。诗云：'谁能执热，逝不以濯？'"

八

孟子曰："不仁者可与言哉？安其危而利其菑，乐其所以亡者。不仁而可与言，则何亡国败家之有？有孺子歌曰：'沧浪之水清兮，可以濯我缨；沧浪之水浊兮，可以濯我足。'子曰：'小子听之！清斯濯缨，浊斯濯足矣，自取之也。'夫人必自侮，然后人侮之；家必自毁，而后人毁之；国必自伐，而后人伐之。太甲曰：'天作孽，犹可违；自作孽，不可活。'此之谓也。"

九

孟子曰："桀纣之失天下也，失其民也；失其民者，失其心也。得天下有道：得其民，斯得天下矣；得其民有道：得其心，斯得民矣；得其心有道：所欲与之聚之，所恶勿施尔也。

"民之归仁也，犹水之就下、兽之走圹也。故为渊驱鱼者，獭也；为丛驱爵者，鹯也；为汤武驱民者，桀与纣也。今天下之君有好仁者，则诸侯皆为之驱矣。虽欲无王，不可得已。

"今之欲王者，犹七年之病求三年之艾也。苟为不畜，终身不得。苟不志于仁，终身忧辱，以陷于死亡。诗云'其何能淑，载胥及溺'，此之谓也。"

十

孟子曰："自暴者，不可与有言也；自弃者，不可与有为也。言非礼义，谓之自暴也；吾身不能居仁由义，谓之自弃也。仁，人之安宅也；义，人之正路也。旷安宅而弗居，舍正路而不由，哀哉！"

十一

孟子曰："道在尔而求诸远，事在易而求之难。人人亲其亲、长其长而天下平。"

十二

孟子曰："居下位而不获于上，民不可得而治也。获于上有道；不信于友，弗获于上矣；信于友有道：事亲弗悦，弗信于友矣：悦亲有道：反身不诚，不悦于亲矣；诚身有道：不明乎善，不诚其身矣。是故诚者，天之道也；思诚者，人之道也。至诚而不动者，未之有也；不诚，未有能动者也。"

十三

孟子曰："伯夷辟纣，居北海之滨，闻文王作，兴曰：'盍归乎来！吾闻西伯善养老者。'太公辟纣，居东海之滨，闻文王作，兴曰：'盍归乎来！吾闻西伯善养老者。'二老者，天下之大老也，而归之，是天下之父归之也。天下之父归之，其子焉往？诸侯有行文王之政者，七年之内，必为政于天下矣。"

十四

孟子曰："求也为季氏宰，无能改于其德，而赋粟倍他日。孔子曰：'求非我徒也，小子鸣鼓而攻之可也。'由此观之，君不行仁政而富之，皆弃于孔子者也。况于为之强战？争地以战，杀人盈野；争城以战，杀人盈城。此所谓率土地而食人肉，罪不容于死。故善战者服上刑，连诸侯者次之，辟草莱、任土地者次之。"

十五

孟子曰："存乎人者，莫良于眸子。眸子不能掩其恶。胸中正，则眸子了焉；胸中不正，则眸子眊焉。听其言也，观其眸子，人焉瘦哉？"

十六

孟子曰："恭者不侮人，俭者不夺人。侮夺人之君，惟恐不顺焉，恶得为恭俭？恭俭岂可以声音笑貌为哉？"

十七

淳于髡曰："男女授受不亲，礼与？"

孟子曰："礼也。"

曰："嫂溺则援之以手乎？"

曰："嫂溺不援，是豺狼也。男女授受不亲，礼也；嫂溺援之以手者，权也。"

曰："今天下溺矣，夫子之不援，何也？"

曰："天下溺，援之以道；嫂溺，援之以手。子欲手援天下乎？"

十八

公孙丑曰："君子之不教子，何也？"

孟子曰："势不行也。教者必以正；以正不行，继之以怒；继之以怒，则反夷矣。'夫子教我以正，夫子未出于正也。'则是父子相夷也。父子相夷，则恶矣。古者易子而教之。父子之间不责善。责善则离，离则不祥莫大焉。"

十九

孟子曰："事孰为大？事亲为大；守孰为大？守身为大。不失其身而能事其亲者，吾闻之矣；失其身而能事其亲者，吾未之闻也。孰不为事？事亲，事之本也；孰不为守？守身，守之本也。曾子养曾皙，必有酒肉。将彻，必请所与。问有余，必同'有'。曾皙死，曾元养曾子，必有酒肉。将彻，不请所与。问有余，曰：'亡矣'。将以复进也。此所谓养口体者也。若曾子，则可谓养志也。事亲若曾子者，可也。"

二十

孟子曰："人不足与适也，政不足间也。惟大人为能格君心之非。君仁莫不仁，君义莫不义，君正莫不正。一正君而国定矣。"

二十一

孟子曰："有不虞之誉，有求全之毁。"

二十二

孟子曰："人之易其言也，无责耳矣。"

二十三

孟子曰："人之患在好为人师。"

二十四

乐正子从于子敖之齐。乐正子见孟子。孟子曰:"子亦来见我乎?"
曰:"先生何为出此言也?"
曰:"子来几日矣?"曰:"昔昔。"
曰:"昔昔,则我出此言也,不亦宜乎?"
曰:"舍馆未定。"
曰:"子闻之也,舍馆定,然后求见长者乎?"
曰:"克有罪。"

二十五

孟子谓乐正子曰:"子之从于子敖来,徒餔啜也。我不意子学古之道,而以餔啜也。"

二十六

孟子曰:"不孝有三,无后为大。舜不告而娶,为无后也,君子以为犹告也。"

二十七

孟子曰:"仁之实,事亲是也;义之实,从兄是也。智之实,知斯二者弗去是也;礼之实,节文斯二者是也;乐之实,乐斯二者,乐则生矣;生则恶可已也,恶可已,则不知足之蹈之、手之舞之。"

二十八

孟子曰:"天下大悦而将归己。视天下悦而归己,犹草芥也。惟舜为然。不得乎亲，不可以为人；不顺乎亲，不可以为子。舜尽事亲之道而瞽瞍底豫，瞽瞍底豫而天下化，瞽瞍底豫而天下之为父子者定，此之谓大孝。"

卷八　离娄下

一

孟子曰："舜生于诸冯，迁于负夏，卒于鸣条，东夷之人也。文王生于岐周，卒于毕郢，西夷之人也。地之相去也，千有余里；世之相后也，千有余岁。得志行乎中国，若合符节。先圣后圣，其揆一也。"

二

子产听郑国之政，以其乘舆济人于溱洧。

孟子曰："惠而不知为政。岁十一月徒杠成，十二月舆梁成，民未病涉也。君子平其政，行辟人可也。焉得人人而济之？故为政者，每人而悦之，日亦不足矣。"

三

孟子告齐宣王曰："君之视臣如手足，则臣视君如腹心；君之视臣如犬马，则臣视君如国人；君之视臣如土芥，则臣视君如寇雠。"

王曰："礼，为旧君有服，何如斯可为服矣？"

曰："谏行言听，膏泽下于民；有故而去，则君使人导之出疆，又先于其所往；去三年不反，然后收其田里。此之谓三有礼焉。如此，则为之服矣。今也为臣。谏则不行，言则不听；膏泽不下于民；有故而去，则君搏执之，又极之于其所往；去之日，遂收其田里。此之谓寇雠。寇雠何服之有？"

四

孟子曰："无罪而杀士，则大夫可以去；无罪而戮民，则士可以徒。"

五

孟子曰："君仁莫不仁，君义莫不义。"

六

孟子曰："非礼之礼，非义之义，大人弗为。"

七

孟子曰："中也养不中，才也养不才，故人乐有贤父兄也。如中也弃不口，才也弃不才，则贤不肖之相去，其闲不能以寸。"

八

孟子曰："人有不为也，而后可以有为。"

九

孟子曰："言人之不善，当如后患何？"

十

孟子曰："仲尼不为已甚者。"

十一

孟子曰："大人者，言不必信，行不必果，惟义所在。"

十二

孟子曰："大人者，不失其赤子之心者也。"

十三

孟子曰："养生者不足以当大事，惟送死可以当大事。"

十四

孟子曰："君子深造之以道，欲其自得之也。自得之，则居之安；居之安，则资之深；资之深，则取之左右逢其原，故君子欲其自得之也。"

十五

孟子曰："博学而详说之，将以反说约也。"

十六

孟子曰："以善服人者，未有能服人者也；以善养人，然后能服天下。天下不心服而王者，未之有也。"

十七

孟子曰："言无实，不祥。不祥之实，蔽贤者当之。"

十八

徐子曰："仲尼亟称于水，曰：'水哉，水哉！'，何取于水也?"

孟子曰："原泉混混，不舍昼夜。盈科而后进，放乎四海，有本者如是，是之取尔。苟为无本，七八月之间雨集，沟浍皆盈；其涸也，可立而待也。故声闻过情，君子耻之。"

十九

孟子曰："人之所以异于禽于兽者几希，庶民去之，君子存之。舜明于庶物，察于人伦，由仁义行，非行仁义也。"

二十

孟子曰："禹恶旨酒而好善言。汤执中，立贤无方。文王视民如伤，望道而未之见。武王不泄迩，不忘远。周公思兼三王，以施四事；其有不合者，仰而思之，夜以继日；幸而得之，坐以待旦。"

二十一

孟子曰："王者之迹熄，而诗亡，诗亡然后春秋作。晋之乘，楚之梼杌，鲁之春秋，一也。其事则齐桓、晋文，其文则史。孔子曰：'其义则丘窃取之矣。'"

二十二

孟子曰："君子之泽五世而斩，小人之泽五世而斩。予未得为孔子徒也，予私淑诸人也。"

二十三

孟子曰："可以取，可以无取，取，伤廉；可以与，可以无与，与，伤惠；可以死，可以无死，死，伤勇。"

二十四

逢蒙学射于羿，尽羿之道，思天下惟羿为愈己，于是杀羿。

孟子曰："是亦羿有罪焉。公明仪曰：'宜若无罪焉。'曰薄乎云尔，恶得无罪？郑人使子濯孺子侵卫，卫使庾公之斯追之。子濯孺子曰：'今日我疾作，不可以执弓，吾死矣夫！'问其仆曰：'追我者谁也？'其仆曰：'庾公之斯也。'曰：'吾生矣。'其仆曰：'庾公之斯，卫之善射者也'，夫子曰'吾生'，何谓也？'曰：'庾公之斯学射于尹公之他，尹公之他学射于我。天尹公之他，端人也，其取友必端矣。'庾公之斯至，曰：'夫子何为不执弓？'曰：'今日我疾作，不可以执弓。'曰：'小人学射于尹公之他，尹公之他学射于夫子。我不忍以夫子之道反害夫子'。虽然，今日之事，君事也，我不敢废。'抽矢扣轮，去其金，发乘矢而后反。"

二十五

孟子曰："西子蒙不洁，则人皆掩鼻而过之。虽有恶人。齐戒沐浴，则可以祀上帝。"

二十六

孟子曰："天下之言性也，则故而已矣。故者以利为本。所恶于智者，为其凿也。如智者若禹之行水也，则无恶于智矣。禹之行水也，行其所无事也。如智者亦行其所无事，则智亦大矣。天之高也，星辰之远也，苟求其故，千岁之日至，可坐而致也。"

二十七

公行子有子之丧，右师往吊，入门，有进而与右师言者，有就右师之位而与右师言者。孟子不与右师言，右师不悦曰："诸君子皆与驩言，孟子独不与驩言，是简驩也。"

孟子闻之，曰："礼，朝廷不历位而相与言，不踰阶而相揖也。我欲行礼，子敖以我为简，不亦异乎？"

二十八

孟子曰："君子所以异于人者，以其存心也。君子以仁存心，以礼存心。仁者爱人，有礼者敬人。爱人者人恒爱之。敬人者人恒敬之。

"有人于此，其待我以横逆，则君子必自反也：我必不仁也，必无礼也，此物奚宜至哉？其自反而仁矣，自反而有礼矣，其横逆由是也，君子必自反也：我必不忠。自反而忠矣，其横逆由是也，君子曰：'此亦妄人也已矣。如此则与禽兽奚择哉？于禽兽又何难焉？'

"是故，君子有终身之忧，无一朝之患也。乃若所忧则有之：舜人也，我亦人也。舜为法于天下，可传于后世，我由未免为乡人也，是则可忧也。忧之如何？如舜而已矣。

"若夫君子所患则亡矣。非仁无为也，非礼无行也。如有一朝之患，则君子不患矣。"

二十九

禹、稷当平世，三过其门而不入，孔子贤之。颜子当乱世，居于陋巷。一箪食，一瓢饮。人不堪其忧，颜子不改其乐，孔子贤之。

孟子曰："禹、稷、颜回同道。禹思天下有溺者，由己溺之也；稷思天下有饥者，由己饥之也，是以如是其急也。禹、稷、颜子易地则皆然。今有同室之人斗者，救之。虽被发缨冠而救之，可也。乡邻有斗者，被发缨冠而往救之，则惑也，虽闭户可也。"

三十

公都子曰："匡章，通国皆称不孝焉。夫子与之游，又从而礼貌之，敢问何也？"

孟子曰："世俗所谓不孝者五：惰其四支，不顾父母之养，一不孝也；博弈好饮酒，不顾父母之养，二不孝也；好货财，私妻子，不顾父母之养，三不孝也；从耳目之欲，以为父母戮，四不孝也；好勇斗狠，以危父母，五不孝也。章子有一于是乎？

"夫章子，子父责善而不相遇也。责善，朋友之道也；父子责善，贼恩之大者。

"夫章子，岂不欲有夫妻子母之属哉？为得罪于父，不得近。出妻，屏子，终身不养焉。其设心以为不若是，是则罪之大者，是则章子已矣。"

三十一

曾子居武城，有越寇。或曰："寇至，盍去诸？"

曰："无寓人于我室，毁伤其薪木。"寇退，则曰："修我墙屋，我将反。"寇退，曾子反。

左右曰："待先生，如此其忠且敬也。寇至则先去以为民望，寇退则反，殆于不可。"

沈犹行曰："是非汝所知也。昔沈犹有负刍之祸，从先生者七十人，未有与焉。"

子思居于卫，有齐寇。或曰："寇至，盍去诸？"子思曰："如急去，君谁与守？"

孟子曰："曾子、子思同道。曾子，师也，父兄也；子思，臣也，微也。曾子、子思易地则皆然。"

三十二

储子曰："王使人瞷夫子，果有以异于人乎？"孟子曰："何以异于人哉？尧舜与人同耳。"

三十三

齐人有一妻一妾而处室者，其良人出，则必餍酒肉而后反。其妻问所与饮食者，则尽富贵也。其妻告其妾曰："良人出，则必餍酒肉而后反；问其与饮食者，尽富贵也，而未尝有显者来，吾将瞷良人之所之也。"蚤起，施从良人之所之，遍国中无与立谈者。卒之东郭墙闲，之祭者，乞其余；不足，又顾而之他，此其为餍足之道也。其妻归，告其妾曰："良人者，所仰望而终身也。今若此。"与其妾汕其良人，而相泣于中庭。而良人未之知也，施施从外来，骄其妻妾。

由君子观之，则人之所以求富贵利达者，其妻妾不羞也，而不相泣者，几希矣。

卷九　万章上

一

万章问曰："舜往于田，号泣于旻天，何为其号泣也？"孟子曰："怨慕也。"

万章曰："父母爱之，喜而不忘；父母恶之，劳而不怨。然则舜怨乎？"

曰："长息问于公明高曰：'舜往于田，则吾既得闻命矣；号泣于旻天，于父母，则吾不知也。'公明高曰：'是非尔所知也。'夫公明高以孝子之心，为不若是恝，我竭力耕田，共为子职而已矣，父母之不我爱，于我何哉？帝使其子九男二女，百官牛羊仓廪备，以事舜于畎亩之中。天下之士多就之者，帝将胥天下而迁之焉。为不顺于父母，如穷人无所归。天下之士悦之，人之所欲也，而不足以解忧；好色，人之所欲，妻帝之二女，而不足以解忧；富，人之所欲，富有天下，而不足以解忧贵，人之所欲，贵为天子，而不足以解忧。人悦之，好色、富贵，无足以解忧者，性顺于父母，可以解忧。人少，则慕父母；知好色，则慕少艾；有妻子，则慕妻子；仕则慕君，不得于君则热中。大孝终身慕父母。五十而慕者，予于大舜见之矣。"

二

万章问曰："诗云：'娶妻如之何？必告父母。'信斯言也，宜莫如舜。舜之不告而娶，何也？"

孟子曰："告则不得娶。男女居室，人之大伦也。如告，则废人之大伦，以怼父母，是以不告也。"

万章曰："舜之不告而娶，则吾既得闻命矣；帝之妻舜而不告，何也？"

曰："帝亦知告焉则不得妻也。"

万章曰："父母使舜完廪，捐阶，瞽瞍焚廪。使浚井，出，从而揜之。象曰：'谟盖都君咸我绩。牛羊父母，仓廪父母，干戈朕，琴朕，弤朕，二嫂使治朕栖。'象往入舜宫，舜在床琴。象曰：'郁陶思君尔。'忸怩。舜曰："惟兹臣庶，汝其于予治。'不识舜不知象之将杀己与？"

曰："奚而不知也？象忧亦忧，象喜亦喜。"

曰："然则舜伪喜者与？"

曰："否。昔者有馈生鱼于郑子产，子产使校人畜之池。校人烹之，反命曰：'始舍之圉圉焉，少则洋洋焉，攸然而逝。'子产曰'得其所哉！得其所哉！'校人出，曰：'孰谓子产智？予既烹而食之，曰：得其所哉？得其所哉。'故君子可欺以其方，难罔以非其道。彼以爱兄之道来，故诚信而喜之，奚伪焉？"

三

万章问曰："象日以杀舜为事，立为天子，则放之，何也？"孟子曰："封之也，或曰放焉。"

万章曰："舜流共工于幽州，放驩兜于崇山，杀三苗于三危，殛鲧于羽山，四罪而天下咸服，诛不仁也。象至不仁，封之有庳。有庳之人奚罪焉？仁人固如是乎？在他人则诛之，在弟则封之。"

曰："仁人之于弟也，不藏怒焉，不宿怨焉，亲爱之而已矣。亲之欲其贵也，爱之欲其富也。封之有庳，富贵之也。身为天子，弟为匹夫，可谓亲爱之乎？"

"敢问或曰放者，何谓也？"

曰："象不得有为于其国，天子使吏治其国，而纳其贡税焉，故谓之放，岂得暴彼民哉？虽然，欲常常而见之，故源源而来。'不及贡，以政接于有庳'，此之谓也。"

<h2 style="text-align:center">四</h2>

咸丘蒙问曰："语云：'盛德之士，君不得而臣，父不得而子。'舜南面而立，尧帅诸侯北面而朝之，瞽瞍亦北面而朝之。舜见瞽瞍，其容有蹙。孔子曰：'于斯时也，天下殆哉，岌岌乎！'不识此语诚然乎哉？"

孟子曰："否。此非君子之言，齐东野人之语也。尧老而舜摄也。尧典曰：'二十有八载，放勋乃徂落，百姓如丧考妣，三年，四海遏密八音。'孔子曰：'天无二日，民无二王。'舜既为天子矣，又帅天下诸侯以为尧三年丧，是二天子矣。"

咸丘蒙曰："舜之不臣尧，则吾既得闻命矣。诗云：'普天之下，莫非王土；率土之滨，莫非王臣。'而舜既为天子矣，敢问瞽瞍之非臣，如何？"曰："是诗也，非是之谓也；劳于王事，而不得养父母也。曰：'此莫非王事，我独贤劳也。'故说诗者，不以文害辞，不以辞害志。以意逆志，是为得之。如以辞而已矣，云汉之诗曰：'周余黎民，靡有孑遗。'信斯言也，是周无遗民也。孝子之至，莫大乎尊亲；尊亲之至，莫大乎以天下养。为天子父，尊之至也；以天下养，养之至也。诗曰：'永言孝思，孝思维则。'此之谓也。书曰：'只载见瞽瞍，夔夔齐栗，瞽瞍亦允若。'是为父不得而子也。"

<h2 style="text-align:center">五</h2>

万章曰："尧以天下与舜，有诸？"孟子曰："否。天子不能以天下与人。"

"然则舜有天下也，孰与之？"曰："天与之。"

"天与之者，谆谆然命之乎？"曰："否。天不言，以行与事示之而已矣。"

曰："以行与事示之者如之何？"曰："天子能荐人于天，不能使天与之天下；诸侯能荐人于天子，不能使天子与之诸侯；大夫能荐人于诸侯，不能使诸侯与之大夫。昔者尧荐舜于天而天受之，暴之于民而民受之，故曰：天不言，以行与事示之而已矣。"

曰："敢问荐之于天而天受之，暴之于民而民受之，如何？"

曰："使之主祭而百神享之，是天受之；使之主事而事治，百姓安之，是民受之也。天与之，人与之，故曰：天子不能以天下与人。舜相尧二十有八载，非人之所能为也，天也。尧崩，三年之丧毕，舜避尧之子于南河之南。天下诸侯朝觐者，不之尧之子而之舜；讼狱者，不之尧之子而之舜；讴歌者，不讴歌尧之子而讴歌舜，故曰天也。夫然后之中国，践天子位焉。而居尧之宫，逼尧之子，是篡也，非天与也。太誓曰：'天视自我民视，天听自我民听'，此之谓也。"

六

万章问曰："人有言：'至于禹而德衰，不传于贤而传于子。'有诸？"

孟子曰："否，不然也。天与贤，则与贤；天与子，则与子。昔者舜荐禹于天，十有七年，舜崩。三年之丧毕，禹避舜之子于阳城。天下之民从之，若尧崩之后，不从尧之子而从舜也。禹荐益于天，七年，禹崩。三年之丧毕，益避禹之子于箕山之阴。朝觐讼狱者不之益而之启，曰：'吾君之子也。'讴歌者不讴歌益而讴歌启，曰：'吾君之子也。'丹朱之不肖，舜之子亦不肖。舜之相尧，禹之相舜也，历年多，施泽于民久。启贤，能敬承继禹之道。益之相禹也，历年少，施泽于民未久。舜、禹、益相去久远，其子之贤不肖，皆天也，非人之所能为也。莫之为而为者，天也；莫之致而至者，命也。匹夫而有天下者，德必若舜禹，而又有天子荐之者，故仲尼不有天下。继世以有天下，天之所废，必若桀纣者也，故益、伊尹、周公不有天下。伊尹相汤以王于天下。汤崩，太丁未立，外丙二年，仲壬四年。太甲颠覆汤之典刑，伊尹放之于桐。三年，太甲悔过，自怨自艾，于桐处仁迁义；三年，以听伊尹之训己也，复归于亳。周公之不有天下，犹益之于夏，伊尹之于殷也。孔子曰：'唐虞禅，夏后、殷、周继，其义一也。'"

七

万章问曰："人有言'伊尹以割烹要汤，有诸？'"

孟子曰："否，不然。伊尹耕于有莘之野，而乐尧舜之道焉。非其义也，非其道也，禄之以天下，弗顾也；系马千驷，弗视也。非其义也，非其道也，一介不以与人，一介不以取诸人，汤使人以币聘之，嚣嚣然曰：'我何以汤之聘币为哉？我岂若处畎亩之中，由是以乐尧舜之道哉？'，汤三使往聘之，既而幡然改曰：'与我处畎亩之中，由是以乐尧舜之道，吾岂若使是君为尧舜之君哉？吾岂若使是民为尧舜之民哉？吾岂若于吾身亲见之哉？天之生此民也，使先知觉后知，使先觉觉后觉也。予，天民之先觉者也；予将以斯道觉斯民也。非予觉之，而谁也？'思天下之民匹夫匹妇有不被尧舜之泽者，若己推而内之沟中。其自任以天下之重如此，故就汤而说之以伐夏救民。吾未闻枉己而正人者也，况辱己以正天下者乎？圣人之行不同也，或远或近，或去或不去，归洁其身而已矣。吾闻其以尧舜之道要汤，末闻以割烹也。林氏曰："以尧舜之道要汤者，非实以是要之也，道在此而汤之聘自来耳。犹子贡言夫子之求之，异乎人之求之也"愚谓此语亦犹前章所论父不得而子之意。伊训曰：'天诛造攻自牧宫，朕载自亳'"

八

万章问曰："或谓孔子于卫主痈疽，于齐主侍人瘠环，有诸乎？"

孟子曰："否，不然也。好事者为之也。于卫主颜雠由。弥子之妻与子路之妻，兄弟也。弥子谓子路曰：'孔子主我，卫卿可得也。'子路以告。孔子曰：'有命。'孔子进以礼，退以义，得之不得曰'有命'。而主痈疽与侍人瘠环。是无义无命也。孔子悦于鲁卫，遭宋桓司马将要而杀之。微服而过宋。是时孔子当阨，主司城贞子，为陈侯周臣。吾闻观近臣，以其所为主；观远臣，以其所主。若孔子主痈疽与侍人瘠环，何以为孔子？"

九

万章闻曰："或曰：'百里奚自鬻于秦养牲者，五羊之皮，食牛，以要秦穆公。'信乎？"

孟子曰："否，不然。好事者为之也。百里奚，虞人也。晋人以垂棘之璧与屈产之乘，假道于虞以伐虢。宫之奇谏，百里奚不谏。知虞公之不可谏而去，之秦，年已七十矣，曾不知以食牛干秦穆公之为污也，可谓智乎？不可谏而不谏，可谓不智乎？知虞公之将亡而先去之，不可谓不智也。时举于秦，知穆公之可与有行也而相之，可谓不智乎？相秦而显其君于天下，可传于后世，不贤而能之乎？自鬻以成其君，乡党自好者不为，而谓贤者为之乎？"

卷十　万章下

一

孟子曰："伯夷，目不视恶色，耳不听恶声。非其君不事，非其民不使。治则进，乱则退。横政之所出，横民之所止，不忍居也。思与乡人处，如以朝衣朝冠坐于涂炭也。当纣之时。居北海之滨，以待天下之清也。故闻伯夷之风者，顽夫廉，懦夫有立志。

"伊尹曰：'何事非君？何使非民？'治亦进，乱亦进。曰：'天之生斯民也，使先知觉后知，使先觉觉后觉。予，天民之先觉者也：予将以此道觉此民也。'思天下之民匹夫匹妇有不与被尧舜之泽者，若己推而内之沟中，其自任以天下之重也。

"柳下惠，不羞污君，不辞小官。进不隐贤，必以其道。遗佚而不怨，阨穷而不悯。与乡人处，由由然不忍去也。'尔为尔，我为我，虽袒裼裸裎于我侧，尔焉能浼我哉？'故闻柳下惠之风者，鄙夫宽，薄夫敦。

"孔子之去齐，接淅而行；去鲁，曰：'迟迟吾行也。'去父母国之道也。可以速而速，可以久而久，可以处而处，可以仕而仕，孔子也。"

孟子曰："伯夷，圣之清者也；伊尹，圣之任者也；柳下惠，圣之和者也；孔子，圣之时者也。孔子之谓集大成。集大成也者，金声而玉振之也。金声也者，始条理也；玉振之也者，终条理也。始条理者，智之事也；终条理者，圣之事也。智，譬则巧也；圣，譬则力也。由射于百步之外也，其至，尔力也；其中，非尔力也。"

二

北宫锜问曰："周室班爵禄也，如之何？"

孟子曰："其详不可得闻也。诸侯恶其害己也，而皆去其籍。然而轲也，尝闻其略也。天子一位，公一位，侯一位，伯一位，子、男同一位，凡五等也。君一位，卿一位，大夫一位，上士一位，中士一位，下士一位，凡六等。天子之制，地方千里，公侯皆方百里，伯七十里，子、男五十里，凡四等。不能五十里，不达于天子，附于诸侯，曰附庸。天子之卿受地视侯，大夫受地视伯，元士受地视子、男。大国地方百里，君十卿禄，卿禄匹大夫，大夫倍上士，上士倍中士，中士倍下士，下士与庶人在官者同禄，禄足以代其耕也。次国地方七十里，君十卿禄，卿禄三大夫，大夫倍上士，上士倍中士，中士倍下士，下士与庶人在官者同禄，禄足以代其耕也。小国地方五十里，君十卿禄，卿禄二大夫，大夫倍上士，上士倍中士，中士倍下士，下士与庶人在官者同禄，禄足以代其耕也。耕者之所获，一夫百亩。百亩之粪，上农夫食九人，上次食八人，中食七人，中次食六人，下食五人。庶人在官者，其禄以是为差。"

三

万章问曰："敢问友。"

孟子曰："不挟长，不挟贵，不挟兄弟而友。友也者，友其德也，不可以有挟也。孟献子，百乘之家也，有友五人焉：乐正裘、牧仲，其三人，则予忘之矣。献子之与此五人者友也，无献子之家者也。此五人者，亦有献子之家，则不与之友矣。非惟百乘之家为然也。虽小国之君亦有之。费惠公曰：'吾于子思，则师之矣；吾于颜般，则友之矣；王顺、长息则事我者也。'非惟小国之君为然也，虽大国之君亦有之。晋平公之于亥唐也，入云则入，坐云则坐，食云则食。虽疏食菜羹，未尝不饱，盖不敢不饱。然终于此而已矣。弗与共天位也，弗与治天职也，弗与食天禄也，士之尊贤者也，非王公之尊贤也。舜尚见帝，帝馆甥于贰室，亦飨舜，迭为宾主，是天子而友匹夫也。用下敬上，谓之贵贵；用上敬下，谓之尊贤。贵贵、尊贤。其义一也。"

<h2 style="text-align:center">四</h2>

万章问曰："敢问交际何心也？"孟子同："恭也。"

曰："却：之却之为不恭，何哉？"曰："尊者赐之，曰'其所取之者，义乎，不义乎'，而后受之，以是为不恭，故弗却也。"

曰："请无以辞却之，以心却之，曰'其取诸民之不义也'，而以他辞无受，不可可？"曰："其交也以道，其接也以礼，斯孔子受之矣。"

万章曰："今有御人于国门之外者，其交也以道，其馈也以礼，斯可受御与？"曰："不可。康诰曰：'杀越人于货，闵不畏死，凡民罔不谶。'是不待教而诛者也。殷受夏，周受殷，所不辞也。于今为烈，如之何其受之？"

曰："今之诸侯取之于民也，犹御也。苟善其礼际矣，斯君子受之，敢问何说也？"曰："子以为有王者作，将比今之诸侯而诛之乎？其教之不改而后诛之乎？夫谓非其有而取之者盗也，充类至义之尽也。孔子之仕于鲁也，鲁人猎较，孔子亦猎较。猎较犹可，而况受其赐乎？"

曰："然则孔子之仕也，非事道与？"曰："事道也。"

"事道奚猎较也？"曰："孔子先簿正祭器，不以四方之食供簿正。"曰："奚不去也？"

曰："为之兆也。兆足以行矣，而不行，而后去，是以未尝有所终三年淹也。孔子有见行可之仕，有际可之仕，有公养之仕也。于季桓子，见行可之仕也；于卫灵公，际可之仕也：于卫孝公，公养之仕也。"

<h2 style="text-align:center">五</h2>

孟子曰："仕非为贫也，而有时乎为贫；娶妻非为养也，而有时乎为

养。为贫者，辞尊居卑，辞富居贫。辞尊居卑，辞富居贫，恶乎宜乎？抱关击柝。孔子尝为委吏矣，曰'会计当而已矣'。尝为乘田矣，曰'牛羊茁壮，长而已矣'。位卑而言高，罪也；立乎人之本朝，而道不行，耻也"

六

万章曰："士之不托诸侯，何也？"孟子曰："不敢也。诸侯失国，而后托于诸侯，礼也；士之托于诸侯，非礼也。"

万章曰："君馈之粟，则受之乎？"曰："受之。"

"受之何义也？"曰："君之于氓也，固周之。"

曰："周之则受，赐之则不受，何也？"曰："不敢也。"

曰："敢问其不敢何也？"曰："抱关击柝者，皆有常职以食于上。无常职而赐于上者，以为不恭也。"

曰："君馈之，则受之，不识可常继乎？"曰："缪公之于子思也，亟问，亟馈鼎肉。子思不悦。于卒也，摽使者出诸大门之外，北面稽首再拜而不受。曰：'今而后知君之犬马畜伋。'盖自是台无馈也。悦贤不能举，又不能养也，可谓悦贤乎？"

曰："敢问国君欲养君子，如何斯可谓养矣？"曰："以君命将之，再拜稽首而受。其后廪人继粟，庖人继肉，不以君命将之。子思以为鼎肉，使己仆仆尔亟拜也，非养君子之道也。尧之于舜也，使其子九男事之，二女女焉，百官牛羊仓廪备。以养舜于畎亩之中，后举而加诸上位。故曰：'王公之尊贤者也。'"

七

万章曰："敢问不见诸侯，何义也？"孟子曰："在国曰市井之臣，在野曰草莽之臣，皆谓庶人。庶人不传质为臣，不敢见于诸侯，礼也。"

万章曰:"庶人,召之役,则往役;君欲见之,召:之,则不往见之,何也?"曰:"往役,义也;往见,不义也。且君之欲见之也,何为也哉?"

曰:"为其多闻也,为其贤也。"曰:"为其多闻也,则天子不召师,而况诸侯乎?为其贤也,则吾未闻欲见贤而召之也。缪公亟见于子恩,曰:'古千乘之国以友士,何如?'子思不悦,曰:'古之人有言:曰事之云乎,岂曰友之云乎?'子思之不悦也,岂不曰:'以位,则子,君也;我,臣也。何敢与君友?以德,则子事我者也。奚可以与我友?'千乘之君求与之友,而不可得也,而况可召与?齐景公田,招虞人以旌,不至,将杀之。志士不忘在沟壑,勇士不忘丧其元。孔子奚取焉?取非其招不往也。"

曰:"敢问招虞人何以?"曰:"以皮冠。庶人以旃,士以旗,大夫以旌。以大夫之招招虞人,虞人死不敢往。以士之招招庶人,庶人岂敢往哉。况乎以不贤人之招招贤人乎?欲见贤人而不以其道,犹欲其入而闭之门也。夫义,路也;礼,门也。惟君子能由是路,出入是门也。诗云:'周道如底,其直如矢;君子所履,小人所视。'"

万章曰:"孔子,君命召,不俟驾而行。然则孔子非与?"曰:"孔子当仕有官职,而以其官召之也。"

八

孟子谓万章曰:"一乡之善士,斯友一乡之善士;一国之善士,斯友一国之善士;天下之善士,斯友天下之善士。以友天下之善士为未足,又尚论古之人。颂其诗,读其书,不知其人,可乎?是以论其世也。是尚友也。"

九

齐宣王问卿。孟子曰:"王何卿之问也?"

王曰："卿不同乎?"曰："不同。有贵戚之卿，有异姓之卿。"

王曰："请问贵戚之卿。"曰："君有大过则谏，反覆之而不听，则易位，"王勃然变乎色。

曰："王勿异也。王问臣，臣不敢不以正对。"王色定，然后请问异姓之卿。

曰："君有过则谏，反覆之而不听，则去。"

卷十一 告子上

一

告子曰："性，犹杞柳也；义，犹桮棬也。以人性为仁义，犹以杞柳为桮棬。"

孟子曰："子能顺杞柳之性而以为桮棬乎? 将戕贼杞柳而后以为桮棬也? 如将戕贼杞柳而以为桮棬，则亦将戕贼人以为仁义与? 率天下之人而祸仁义者，必子之言夫!"

二

告子曰："性犹湍水也，决诸东方则东流。袂诸西方则西流。人性之无分于善不善也，犹水之无分于东西也。"

孟子曰："水信无分于东西。无分于上下乎? 人性之善也，犹水之就下也。人无有不善，水无有不下。今夫水，搏而跃之，可使过颡；激而行之，可使在山。是岂水之性哉? 其势则然也。人之可使为不善，其性亦犹是也。"

三

告子曰："生之谓性。"

孟子曰："生之谓性也，犹白之谓白与?"曰："然。"

"白羽之白也，犹白雪之白；白雪之白，犹白玉之白与?"曰："然。"

"然则犬之性，犹牛之性；牛之性，犹人之性与?"

四

告子曰："食色，性也。仁，内也，非外也；义，外也。非内也。"

孟子曰："何以谓仁内义外也?"

曰："彼长而我长之，非有长于我也；犹彼白而我白之，从其白于外也，故谓之外也。"

曰："异于白马之白也，无以异于白人之白也；不识长马之长也，无以异于长人之长与? 且谓长者义乎? 长之者义乎?"

曰："吾弟则爱之，秦人之弟则不爱也。是以我为悦者也，故谓之内。长楚人之长，亦长吾之长，是以长为悦者也，故谓之外也。"

曰："耆秦人之炙，无以异于耆吾炙。夫物则亦有然者也，然则耆炙亦有外与?"

五

孟季子问公都子曰："何以谓义内也?"

曰："行吾敬，故谓之内也。"

"乡人长于伯兄一岁，则谁敬?"曰："敬兄。"

"酌则谁先?"曰："先酌乡人。"

"所敬在此，所长在彼，果在外，非由内也。"公都子不能答，以告孟子。

孟子曰："敬叔父乎？敬弟乎？彼将曰'敬叔父'。曰：'弟为尸，则谁敬？'彼将曰'敬弟。'子曰：'恶在其敬叔父也？'彼将曰：'在位故也。'子亦曰：'在位故也。庸敬在兄，斯须之敬在乡人。'"季子闻之曰："敬叔父则敬，敬弟则敬，果在外，非由内也。"公都子曰："冬日则饮汤，夏日则饮水，然则饮食亦在外也？"

六

公都子曰："告子曰：'性无善无不善也。'或曰：'性可以为善，可以为不善；是故文武兴，则民好善；幽厉兴，则民好暴。'或曰：'有性善，有性不善；是故以尧为君而有象，以瞽瞍为父而有舜；以纣为兄之子且以为君，而有微子启、王子比干。'今曰'性善'，然则彼皆非与？"

孟子曰："乃若其情，则可以为善矣，乃所谓善也。若夫为不善，非才之罪也。恻隐之心，人皆有之；羞恶之心，人皆有之；恭敬之心，人皆有之；是非之心，人皆有之。恻隐之心，仁也；羞恶之心，义也；恭敬之心，礼也；是非之心，智也。仁义礼智。非由外铄我也，我固有之也，弗思耳矣。故曰：'求则得之，舍则失之。'或相倍蓰而无算者，不能尽其才者也。诗曰：'天生蒸民，有物有则。民之秉夷，好：是懿德。'孔子曰：'为此诗者，其知道乎！故有物必有则，民之秉夷也，故好是懿德。'"

七

孟子曰："富岁，子弟多赖；凶岁，子弟多暴，非天之降才尔殊也，其所以陷溺其心者然也。

"今夫麰麦，播种而耰之，其地同，树之时又同，浡然而生，至于日至之时，皆熟矣。虽有不同，则地有肥硗，雨露之养，人事之不齐也。故凡同类者，举相似也，何独至于人而疑之？圣人与我同类者。故龙子曰：'不知足而为屦。我知其不为蒉也。'屦之相似，天下之足同也。

"口之于味，有同耆也。易牙先得我口之所耆者也。如使口之于味也，其性与人殊，若犬马之与我不同类也，则天下何耆皆从易牙之于味也？至于味，天下期于易牙，是天下之口相似也惟耳亦然。至于声，天下期于师旷，是天下之耳相似也。惟目亦然。至于子都，天下莫不知其姣也。不知子都之姣者，无目者也。故曰：口之于味也，有同耆焉；耳之于声也，有同听焉；目之于色也，有同美焉。至于心，独无所同然乎？心之所同然者何也？谓理也，义也。圣人先得我心之所同然耳。故理义之悦我心，犹刍豢之悦我口。"

八

孟子曰："牛山之木尝美矣，以其郊于大国也，斧斤伐之，可以为美乎？是其日夜之所息，雨露之所润，非无萌蘖之生焉，牛羊又从而牧之，是以若彼濯濯也。人见其濯濯也，以为未尝有材焉，此岂山之性也哉？

"虽存乎人者，岂无仁义之心哉？其所以放其良心者，亦犹斧斤之于木也，旦旦而伐之，可以为美乎？其日夜之所息，平旦之气，其好恶与人相近也者几希，则其旦昼之所为，有梏亡之矣。梏之反覆，则其夜气不足以存；夜气不足以存，则其违禽兽不远矣。人见其禽兽也，而以为未尝有才焉者，是岂人之情也哉？

"故苟得其养，无物不长；苟失其养，无物不消。孔子曰：'操则存，舍则亡；出入无时，莫知其乡。'惟心之谓与？"

九

孟子曰："无或乎王之不智也，虽有天下易生之物也，一日暴之，十日寒之。未有能生者也。吾见亦罕矣，吾退而寒之者至矣。吾如有萌焉何哉！今夫弈之为数，小数也；不专心致志，则不得也。弈秋，通国之善弈者也。使弈秋诲二人弈，其一人专心致志，惟弈秋之为听。一人虽听之，一心以为有鸿鹄将至，思援弓缴而射之，虽与之俱学，弗若之矣。为是其智弗若与？曰：非然也。"

十

孟子曰："鱼，我所欲也；熊掌，亦我所欲也，二者不可得兼，舍鱼而取熊掌者也。生，亦我所欲也；义，亦我所欲也，二者不可得兼，舍生而取义者也。生亦我所欲，所欲有甚于生者，故不为苟得也；死亦我所恶，所恶有甚于死者，故患有所不辟也。如使人之所欲莫甚于生，则凡可以得生者，何不用也？使人之所恶莫甚于死者，则凡可以辟患者，何不为也？由是则生而有不用也，由是则可以辟患而有不为也。是故所欲有甚于生者，所恶有甚于死者，非独贤者有是心也，人皆有之，贤者能勿丧耳。

"一箪食，一豆羹，得之则生，弗得则死。呼尔而与之，行道之人弗受；蹴尔而与之，乞人不屑也。万钟则不辨礼义而受之。万钟于我何加焉？为宫室之美、妻妾之奉、所识穷乏者得我与？乡为身死而不受，今为宫室之美为之；乡为身死而不受，今为妻妾之奉为之；乡为身死而不受，今为所识穷乏者得我而为之，是亦不可以已乎？此之谓失其本心。"

十一

孟子曰："仁，人心也；义，人路也。舍其路而弗由，放其心而不知求，哀哉！人有鸡犬放，则知求之；有放心，而不知求。学问之道无他，求其放心而已矣。"

十二

孟子曰："今有无名之指，屈而不信，非疾痛害事也，如有能信之者，则不远秦楚之路，为指之不若人也。指不若人，则知恶之；心不若人，则不知恶，此之谓不知类也。"

十三

孟子曰："拱把之桐梓，人苟欲生之，皆知所以养之者。至于身，而不知所以养之者，岂爱身不若桐梓哉？弗思甚也。"

十四

孟子曰："人之于身也，兼所爱。兼所爱，则兼所养也。无尺寸之肤不爱焉，则无尺寸之肤不养也。所以考其善不善者，岂有他哉？于己取之而已矣。体有贵贱，有小大。无以小害大，无以贱害贵。养其小者为小人，养其大者为大人。今有场师，舍其梧槚，养其樲棘，则为贱场师焉。养其一指而失其肩背，而不知也，则为狼疾人也。饮食之人，则人贱之矣，为其养小以失大也。饮食之人无有失也，则口腹岂适为尺寸之肤哉？"

十五

公都子问曰："钧是人也，或为大人，或为小人，何也？"

孟子曰："从其大体为大人，从其小体为小人。"

曰："钧是人也，或从其大体，或从其小体，何也？"

曰："耳目之官不思，而蔽于物，物交物，则引之而已矣。心之官则思，思则得之，不思则不得也。此天之所与我者，先立乎其大者，则其小者弗能夺也。此为大人而已矣。"

十六

孟子曰："有天爵者，有人爵者。仁义忠信，乐善不倦，此天爵也；公卿大夫，此人爵也。古之人修其天爵，而人爵从之。今之人修其天爵，以要人爵；既得人爵，而弃其天爵，则惑之甚者也，终亦必亡而已矣。"

十七

孟子曰："欲贵者，人之同心也。人人有贵于己者，弗思耳。人之所贵者，非良贵也。赵孟之所贵，赵孟能贱之。诗云：'既醉以酒，既饱以德。'言饱乎仁义也，所以不愿人之膏粱之味也；令闻广誉施于身，所以不愿人之文绣也。"

十八

孟子曰："仁之胜不仁也，犹水胜火。今之为仁者，犹以一杯水，救一车薪之火也；不熄，则谓之水不胜火，此又与于不仁之甚者也。亦终必亡而已矣。"

十九

孟子曰："五谷者，种之美者也；苟为不熟，不如荑稗。夫仁亦在乎熟之而已矣。"

二十

孟子曰："羿之教人射，必志于彀；学者亦必志于彀。大匠诲人，必以规矩；学者亦必以规矩。"

卷十二　告子下

一

任人有问屋庐子曰："礼与食孰重？"曰："礼重。"

"色与礼孰重？"曰："礼重。"

曰："以礼。食，则饥而死；不以礼食，则得食，必以礼乎？亲迎，则不得妻；不亲迎，则得妻，必亲迎乎！"屋庐子不能对，明日之邹以告孟子。

孟子曰："于答是也何有？不揣其本而齐其末，方寸之木可使高于岑楼。金重于羽者。岂谓一钩金与一舆羽之谓哉？取食之重者，与礼之轻者而比之，奚翅食重？取色之重者，与礼之轻者而比之，奚翅色重？往应之曰：'紾兄之臂而夺之食，则得食；不紾，则不得食，则将紾之乎？踰东家墙而搂其处子，则得妻；不搂，则不得妻，则将搂之乎？'"

二

曹交问曰："人皆可以为尧舜，有诸？"孟子曰："然。""交闻文王十尺，汤九尺，今交九尺四寸以长，食粟而已，如何则可？"

曰："奚有于是？亦为之而已矣。有人于此，力不能胜一匹雏，则为无力人矣；今曰举百钧，则为有力人矣。然则举乌获之任，是亦为乌获而已矣。夫人岂以不胜为患哉？弗为耳。徐行后长者谓之弟，疾行先长者谓之不弟。夫徐行者，岂人所不能哉？所不为也。尧舜之道，孝弟而已矣。子服尧之服，诵尧之言，行尧之行，是尧而已矣；子服桀之服，诵桀之言，行桀之行，是桀而已矣。"

曰："交得见于邹君，可以假馆，愿留而受业于门。"

曰："夫道，若大路然，岂难知哉？人病不求耳。子归而求之，有余师。"

三

公孙丑问曰："高子曰：'小弁，小人之诗也。'"

孟子曰："何以言之？"曰："怨。"

曰："固哉，高叟之为诗也！有人于此，越人关弓而射之，则己谈笑而道之；无他，疏之也。其兄关弓而射之，则己垂涕泣而道之；无他，戚之也。小弁之怨，亲亲也。亲亲，仁也。固矣夫，高叟之为诗也！"曰："凯风何以不怨？"

曰："凯风，亲之过小者也；小弁，亲之过大者也。亲之过大而不怨，是愈疏也；亲之过小而怨，是不可矶也。愈疏，不孝也；不可矶，亦不孝也。孔子曰：'舜其至孝矣，五十而慕。'"

四

宋牼将之楚，孟子遇于石丘。曰："先生将何之？"

曰："吾闻秦楚构兵，我将见楚王说而罢之。楚王不悦。我将见秦王说而罢之，二王我将有所遇焉。"

曰："轲也请无问其详，愿闻其指。说之将何如？"

曰："我将言其不利也。"

曰："先生之志则大矣，先生之号则不可。先生以利说秦楚之王，秦楚之王悦于利，以罢三军之师，是三军之士乐罢而悦于利也。为人臣者怀利以事其君，为人子者怀利以事其父，为人弟者怀利以事其兄。是君臣、父子、兄弟终去仁义，怀利以相接，然而不亡者，未之有也。先生以仁义说秦楚之王，秦楚之王悦于仁义，而罢三军之师，是三军之士乐罢而悦于仁义也。为人臣者怀仁义以事其君，为人子者怀仁义以事其父，为人弟者怀仁义以事其兄，是君臣、父子、兄弟去利，怀仁义以相接也。然而不王者，未之有也。何必曰利？"

五

孟子居邹，季任为任处守，以币交，受之而不报。处于平陆，储子为相，以币交，受之而不报。他日由邹之任，见季子；由平陆之齐，不见储子。屋庐子喜曰："连得闲矣。"

问曰："夫子之任见季子，之齐不见储子，为其为相与？"

曰："非也。书曰：'享多仪，仪不及物曰不享，惟不役志于享。'为其不成享也。"

屋庐子悦。或问之。屋庐子曰："季子不得之邹，储子得之平陆。"

六

淳于髡曰："先名实者，为人也；后名实者，自为也。夫子在三卿之中，名实未加于上下而去之，仁者固如此乎？"

孟子曰："居下位，不以贤事不肖者，伯夷也；五就汤，五就桀者，伊尹也；不恶污君，不辞小官者，柳下惠也。三子者不同道，其趋一也。一者何也？曰：仁也。君子亦仁而已矣，何必同？"

曰："鲁缪公之时，公仪子为政，子柳、子思为臣，鲁之削也滋甚。若是乎贤者之无益于国也！"

曰："虞不用百里奚而亡，秦穆公用之而霸。不用贤则亡，削何可得与？"

曰："昔者王豹处于淇，而河西善讴；绵驹处于高唐，而齐右善歌；华周、杞梁之妻善哭其夫，而变国俗。有诸内必形诸外。为其事而无其功者，髡未尝睹之也。是故无贤者也，有则髡必识之。"

曰："孔子为鲁司寇，不用，从而祭，燔肉不至，不税冕而行。不知者以为为肉也。其知者以为为无礼也。乃孔子则欲以微罪行，不欲为苟去。君子之所为，众人固不识也。"

七

孟子曰："五霸者，三王之罪人也；今之诸侯，五霸之罪人也；今之大夫，今之诸侯之罪人也。天子适诸侯曰巡狩，诸侯朝于天子曰述职。春省耕而补不足，秋省敛而助不给。入其疆，土地辟，田野治，养老尊贤，俊杰在位，则有庆，庆以地。入其疆，土地荒芜，遗老失贤，掊克在位，则有让。一不朝，则贬其爵；再不朝，则削其地；三不朝，则六师移之。是故天子讨而不伐，诸侯伐而不讨。五霸者，搂诸侯以伐诸侯者也，故曰：五霸者，三王之罪人也。五霸，桓公为盛。葵丘之会诸侯，束牲、载书而不歃血。初命曰：'诛不孝，无易树子，无以妾为妻。'再命曰：'尊贤育才，以彰有德。'三命曰：'敬老慈幼。无忘宾旅。'四命曰：'士无世官，官事无摄，取士必得，无专杀大夫。'五命曰：'无曲防，无遏籴，无有封而不告。'曰：'凡我同盟之人，既盟之后，言归于好。'今之诸侯，皆犯此五禁，故曰：今之诸侯，五霸之罪人也。长君之恶其罪小，逢君之恶其罪大。今之大夫，皆逢君之恶，故曰：今之大夫，今之诸侯之罪人也。"

八

鲁欲使慎子为将军。孟子曰："不教民而用之，谓之殃民。殃民者，不容于尧舜之世。一战胜齐，遂有南阳，然且不可。"

慎子勃然不悦曰："此则滑厘所不识也。"

曰："吾明告子。天子之地方千里；不千里，不足以待诸侯。诸侯之地方百里；不百里，不足以守宗庙之典籍。周公之封于鲁，为方百里也；地非不足，而俭于百里。太公之封于齐也亦为方百里也；地非不足也，而俭于百里。今鲁方百里者五，子以为有王者作，则鲁在所损乎？在所益乎？徒取诸彼以与此，然且仁者不为，况于杀人以求之乎？君子之事君也，务引其君以当道，志于仁而已。"

九

孟子曰："今之事君者曰：'我能为君辟土地，充府库。'今之所谓良臣，古之所谓民贼也。君不乡道，不志于仁，而求富之，是富桀也。'我能为君约与国，战必克。'今之所谓良臣，古之所谓民贼也。君不乡道，不志于仁，而求为之强战，是辅桀也。由今之道，无变今之俗，虽与之天下，不能一朝居也。"

十

白圭曰："吾欲二十而取一，何如？"

孟子曰："子之道，貉道也。万室之国，一人陶，则可乎？"

曰："不可，器不足用也。"

曰："夫貉，五谷不生，惟黍生之。无城郭、宫室、宗庙、祭祀之礼，无诸侯币帛饔飧，无百官有司，故二十取一而足也。今居中国，去人伦，无君子，如之何其可也？陶以寡，且不可以为国，况无君子乎？欲轻之于尧舜之道者，大貉小貉也：欲重之于尧舜之道者，大桀小桀也。"

十一

白圭曰："丹之治水也愈于禹。"孟子曰："子过矣。禹之治水，水之道也。是故禹以四海为壑，今吾子以邻国为壑。水逆行，谓之洚水。洚水者，洪水也，仁人之所恶也。吾子过矣。"

十二

孟子曰："君子不亮，恶乎执？"

十三

鲁欲使乐正子为政。孟子曰："吾闻之，喜而不寐。"

公孙丑曰："乐正子强乎？"曰："否。"

"有知虑乎？"曰："否。"

"多闻识乎？"曰："否。"

"然则奚为喜而不寐？"曰："其为人也好善。"

"好善足乎？"曰："好善优于天下，而况鲁国乎？夫苟好善，则四海之内，皆将轻千里而来告之以善。夫苟不好善，则人将曰：'訑訑，予既已知之矣。'訑訑之声音颜色，距人于千里之外。士止于千里之外，则谗谄面谀之人至矣。与谗谄面谀之人居，国欲治，可得乎？"

十四

陈子曰："古之君子何如则仕？"孟子曰："所就三，所去三。迎之致敬以有礼，言将行其言也，则就之；礼貌未衰，言弗行也，则去之。其次，虽未行其言也，迎之致敬以有礼，则就之；礼貌衰，则去之。其下，朝不食，夕不食，饥饿不能出门户。君闻之曰：'吾大者不能行其道，又不能从其言也，使饥饿于我土地，吾耻之。'周之，亦可受也，免死而已矣。"

十五

孟子曰："舜发于畎亩之中，傅说举于版筑之闲，胶鬲举于鱼盐之中，管夷吾举于士，孙叔敖举于海，百里奚举于市。故天将降大任于是人也，必先苦其心志，劳其筋骨，饿其体肤，空乏其身，行拂乱其所为，所以动心忍性，曾益其所不能。人恒过，然后能改；困于心，衡于虑，而后作；征于色，发于声，而后喻。入则无法家拂士，出则无敌国外患者，国恒亡。然后知生于忧患而死于安乐也。"

十六

孟子曰："教亦多术矣，予不屑之教诲也者，是亦教诲之而已矣。"

卷十三　尽心上

一

孟子曰："尽其心者，知其性也。知其性，则知天矣。存其心，养其性，所以事天也。妖寿不贰，修身以俟之，所以立命也。"

二

孟子曰："莫非命也，顺受其正。是故知命者，不立乎岩墙之下。尽其道而死者，正命也。桎梏死者，非正命也。"

三

孟子曰："求则得之，舍则失之，是求有益于得也，求在我者也。求之有道，得之有命，是求无益于得也，求在外者也。"

四

孟子曰："万物皆备于我矣。反身而诚，乐莫大焉。强恕而行，求仁莫近焉。"

五

孟子曰："行之而不着焉，习矣而不察焉，终身由之而不知其道者，众也。"

六

孟子曰："人不可以无耻。无耻之耻，无耻矣。"

七

孟子曰："耻之于人大矣。为机变之巧者，无所用耻焉。不耻不若人，何若人有？"

八

孟子曰："古之贤王好善而忘势，古之贤士何独不然？乐其道而忘人之势。故王公不致敬尽礼，则不得亟见之。见且由不得亟，而况得而臣之乎？"

九

孟子谓宋句践曰："子好游乎？吾语子游。人知之，亦嚣嚣；人不知，亦嚣嚣。"

曰："何如斯可以嚣嚣矣？"

曰："尊德乐义，则可以嚣嚣矣。故士穷不失义，达不离道。穷不失义，故士得己焉；达不离道，故民不失望焉。古之人，得志，泽加于民；不得志，修身见于世。穷则独善其身，达则兼善天下。"

十

孟子曰："待文王而后兴者，凡民也。若夫豪杰之士，虽无文王犹兴。"

十一

孟子曰："附之以韩魏之家，如其自视欿然，则过人远矣。"

十二

孟子曰："以佚道使民，虽劳不怨；以生道杀民，虽死不怨杀者。"

十三

孟子曰："霸者之民，驩虞如也；王者之民，皞皞如也。杀之而不怨，利之而不庸，民日迁善而不知为之者。夫君子所过者化，所存者神，上下与天地同流，岂曰小补之哉？"

十四

孟子曰："仁言，不如仁声之人人深也。善政，不如善教之得民也。善政民畏之，善教民爱之；善政得民财，善教得民心。"

十五

孟子曰："人之所不学而能者，其良能也；所不虑而知者，其良知也。孩提之童，无不知爱其亲者；及其长也，无不知敬其兄也。亲亲，仁也；敬长，义也。无他，达之天下也。"

十六

孟子曰："舜之居深山之中，与木石居，与鹿豕游，其所以异于深山之野人者几希。及其闻一善言，见一善行，若决江河，沛然莫之能御也。"

十七

孟子曰："无为其所不为，无欲其所不欲，如此而已矣。"

十八

孟子曰："人之有德慧术知者，恒存乎疢疾。独孤臣孽子，其操心也危，其虑患也深，故达。"

十九

孟子曰："有事君人者，事是君则为容悦者也。有安社稷臣者，以安社稷为悦者也。有天民者，达可行于天下而后行之者也。有大人者，正己而物正者也。"

二十

孟子曰："君子有三乐，而王天下不与存焉。父母俱存，兄弟无故，一乐也。仰不愧于天，俯不怍于人，二乐也。得天下英才而教育之，三乐也。君子有三乐，而王天下不与存焉。"

二十一

孟子曰："广土众民，君子欲之，所乐不存焉。中天下而立，定四海之民，君子乐之，所性不存焉。君子所性，虽大行不加焉，虽穷居不损焉，分定故也。君子所性，仁义礼智根于心。其生色也，睟然见于面，盎于背，施于四体，四体不言而喻。"

二十二

孟子曰："伯夷辟纣，居北海之滨，闻文王作兴，曰：'盍归乎来！吾闻西伯善养老者。'太公辟纣，居东海之滨，闻文王作兴，曰：'盍归乎来！吾闻西伯善养老者。'天下有善养老，则仁人以为己归矣。五亩之宅，树墙下以桑，匹妇蚕之，则老者足以衣帛矣。五母鸡，二母彘，无失其时，老者足以无失肉矣。百亩之田，匹夫耕之，八口之家足以无饥矣。所谓西伯善养老者，制其田里，教之树畜，导其妻子，使养其老。五十非帛不暖，七十非肉不饱。不暖不饱，谓之冻馁。文王之民，无冻馁之老者，此之谓也。"

二十三

孟子曰："易其田畴，薄其税敛，民可使富也。食之以时，用之以礼，财不可胜用也。民非水火不生活，昏暮叩人之门户，求水火，无弗与者，至足矣。圣人治天下，使有菽粟如水火。菽粟如水火，而民焉有不仁者乎？"

二十四

孟子曰："孔子登东山而小鲁，登太山而小天下。故观于海者难为水，游于圣人之门者难为言。观水有术，必观其澜。日月有明，容光必照焉。流水之为物也，不盈科不行；君子之志于道也，不成章不达。"

二十五

孟子曰："鸡鸣而起，孳孳为善者，舜之徒也。鸡鸣而起，孳孳为利者，跖之徒也。欲知舜与跖之分，无他，利与善之间也。"

二十六

孟子曰："杨子取为我，拔一毛而利天下，不为也。墨子兼爱。摩顶放踵利天下，为之。子莫执中，执中为近之，执中无权，犹执一也。所恶执一者，为其贼道也，举一而废百也。"

二十七

孟子曰："饥者甘食，渴者甘饮，是未得饮食之正也，饥渴害之也。岂惟口腹有饥渴之害？人心亦皆有害。人能无以饥渴之害为心害，则不及人不为忧矣。"

二十八

孟子曰："柳下惠不以三公易其介。"

二十九

孟子曰："有为者辟若掘井，掘井九轫而不及泉，犹为弃井也。"

三十

孟子曰："尧舜，性之也；汤武，身之也；五霸，假之也。久假而不归，恶知其非有也。"

三十一

公孙丑曰："伊尹曰：'予不狎于不顺。'放太甲于桐，民大悦。太甲贤。又反之，民大悦。贤者之为人臣也，其君不贤，则固可放与？"

孟子曰："有伊尹之志，则可；无伊尹之志，则篡也。"

三十二

公孙丑曰："诗曰'不素餐兮'，君子之不耕而食，何也？"

孟子曰："君子居是国也，其君用之，则安富尊荣；其子弟从之，则孝弟忠信。'不素餐兮'，孰大于是？"

三十三

王子垫问曰："士何事？"孟子曰："尚志。"曰："何谓尚志？"

曰："仁义而已矣。杀一无罪，非仁也；非其有而取之，非义也。居恶在？仁是也；路恶在？义是也。居仁由义，大人之事备矣。"

三十四

孟子曰："仲子，不义与之齐国而弗受，人皆信之，是舍箪食豆羹之义也。人莫大焉亡亲戚、君臣、上下。以其小者信其大者，奚可哉？"

三十五

桃应问曰："舜为天子，皋陶为士，瞽瞍杀人，则如之何？"孟子曰："执之而已矣。""然则舜不禁与？"

曰："夫舜恶得而禁之？夫有所受之也。"

"然则舜如之何？"

曰："舜视弃天下，犹弃敝蹤也。窃负而逃，遵海滨而处，终身欣然，乐而忘天下。"

三十六

孟子自范之齐，望见齐王之子。喟然叹曰："居移气，养移体，大哉居乎！夫非尽人之子与？"

孟子曰："王子宫室、车马、衣服多与人同。而王子若彼者，其居使之然也；况居天下之广居者乎？鲁君之宋，呼于垤泽之门。守者曰：'此非吾君也，何其声之似我君也？'此无他，居相似也。"

三十七

孟子曰："食而弗爱，豕交之也；爱而不敬，兽畜之也。恭敬者，币之未将者也。恭敬而无实，君子不可虚拘。"

三十八

孟子曰："形色，天性也；惟圣人，然后可以践形。"

三十九

齐宣王欲短丧。公孙丑曰："为期之丧，犹愈于已乎？"

孟子曰："是犹或绐其兄之臂，子谓之姑徐徐云尔，亦教之孝弟而已矣。"王子有其母死者，其傅为之请数月之丧。公孙丑曰："若此者，何如也？"

曰："是欲终之而不可得也。虽加一日愈于已，谓夫莫之禁而弗为者也。"

四十

孟子曰："君子之所以教者五：有如时雨化之者，有成德者，有达财者，有答问者，有私淑艾者。此五者，君子之所以教也。"

四十一

公孙丑曰："道则高矣，美矣，宜若登天然，似不可及也。何不使彼为可几及而日孳孳也？"

孟子曰："大匠不为拙工改废绳墨，羿不为拙射变其彀率。君子引而不发，跃如也。中道而立，能者从之。"

四十二

孟子曰："天下有道，以道殉身；天下无道，以身殉道。未闻以道殉乎人者也。"

四十三

公都子曰:"滕更之在门也,若在所礼。而不答,何也?"孟子曰:"挟贵而问,挟贤而问,挟长而问,挟有勋劳而问,挟故而问,皆所不答也。滕更有二焉。"

四十四

孟子曰:"于不可已而已者,无所不已;于所厚者薄,无所不薄也。其进锐者,其退速。"

四十五

孟子曰:"君子之于物也,爱之而弗仁;于民也,仁之而弗亲。亲亲而仁民,仁民而爱物。"

四十六

孟子曰:"知者无不知也,当务之为急;仁者无不爱也,急亲贤之为务。尧舜之知而不遍物,急先务也;尧舜之仁不遍爱人,急亲贤也。不能三年之丧,而缌小功之察;放饭流歠,而问无齿决,是之谓不知务。"

卷十四　尽心下

一

孟子曰："不仁哉，梁惠王也！仁者以其所爱及其所不爱，不仁者以其所不爱及其所爱。"公孙丑曰："何谓也？""梁惠王以土地之故，糜烂其民而战之，大败，将复之，恐不能胜，故驱其所爱子弟以殉之，是之谓以其所不爱及其所爱也。"

二

孟子曰："春秋无义战。彼善于此。则有之矣。征者上伐下也，敌国不相征也。"

孟子曰："尽信书，则不如无书。吾于武成，取二三策而已矣。仁人无敌于天下。以至仁伐至不仁，而何其血之流杵也？"

四

孟子曰："有人曰：'我善为陈，我善为战。'大罪也。国君好仁，天下无敌焉。南面而征北狄怨，东面而征西夷怨。曰：'奚为后我？'武王之伐殷也，革车三百两，虎贲三千人。王曰：'无畏！宁尔也，非敌百姓也。'若崩厥角稽首。征之为言正也，各欲，正己也，焉用战？"

五

孟子曰："梓匠轮舆，能与人规矩，不能使人巧。"

六

孟子曰："舜之饭糗茹草也，若将终身焉；及其为天子也，被袗衣，鼓琴，二女果，若固有之。"

七

孟子曰："吾今而后知杀人亲之重也：杀人之父，人亦杀其父；杀人之兄，人亦杀其兄。然则非自杀之也，一闲耳。"

八

孟子曰："古之为关也，将以御暴。今之为关也，将以为暴。"

九

孟子曰："身不行道，不行于妻子；使人不以道，不能行于妻子。"

十

孟子曰："周于利者，凶年不能杀；周于德者，邪世不能乱。"

十一

孟子曰："好名之人，能让千乘之国；苟非其人，箪食豆羹见于色。"

十二

孟子曰："不信仁贤，则国空虚。无礼义，则上下乱。无政事，则财用不足。"

十三

孟子曰："不仁而得国者，有之矣；不仁而得天下，未之有也。"

十四

孟子曰："民为贵，社稷次之，君为轻。是故得乎丘民而为天子，得乎天子为诸侯，得乎诸侯为大夫。诸侯危社稷，则变置。牺牲既成，粢盛既洁，祭祀以时，然而旱干水溢，则变置社稷。"

十五

孟子曰："圣人，百世之师也，伯夷、柳下惠是也。故闻伯夷之风者，顽夫廉，懦夫有立志；闻柳下惠之风者，薄夫敦，鄙夫宽。奋乎百世之上。百世之下，闻者莫不兴起也。非圣人而能若是乎，而况于亲炙之者乎？"

十六

孟子曰："仁也者，人也。合而言之，道也。"

十七

孟子曰："孔子之去鲁，曰：'迟迟吾行也。'去父母国之道也。去齐，接淅而行，去他国之道也。"

十八

孟子曰："君子之厄于陈蔡之闲，无上下之交也。"

十九

貉稽曰："稽大不理于口。"

孟子曰："无伤也。士憎兹多口。诗云：'忧心悄悄，愠于群小。'孔子也。'肆不殄厥愠，亦不陨厥问。'文王也。"

二十

孟子曰："贤者以其昭昭，使人昭昭；今以其昏昏，使人昭昭。"

二十一

孟子谓高子曰："山径之蹊闲，介然用之而成路，为闲不用，则茅塞之矣。今茅塞子之心矣。"

二十二

高子曰："禹之声，尚文王之声。"孟子曰："何以言之？"

曰："以追蠡。"曰："是奚足哉？城门之轨，两马之力与？"

二十三

齐饥。陈臻曰："国人皆以夫子将复为发棠，殆不可复。"

孟子曰："是为冯妇也。晋人有冯妇者，善搏虎，卒为善士。则之野，有众逐虎。虎负嵎，莫之敢撄。望见冯妇，趋而迎之。冯妇攘臂下车。众皆悦之，其为士者笑之。"

二十四

孟子曰："口之于味也，目之于色也，耳之于声也，鼻之于臭也，四肢之于安佚也，性也，有命焉，君子不谓性也。仁之于父子也，义之于君臣也，礼之于宾主也，智之于贤者也，圣人之于天道也，命也，有性焉，君子不谓命也。"

二十五

浩生不害问曰："乐正子，何人也？"孟子曰："善人也，信人也。"
"何谓善？何谓信？"
曰："可欲之谓善，有诸己之谓信。充实之谓美，充实而有光辉之谓大，大而化之之谓圣，圣而不可知之之谓神。乐正子，二之中，四之下也。"

二十六

孟子曰："逃墨必归于杨，逃杨必归于儒。归，斯受之而已矣。今之与杨墨辩者，如追放豚，既入其苙，又从而招之。"

二十七

孟子曰："有布缕之征，粟米之征，力役之征。君子用其一，缓其二。用其二而民有殍，用其三而父子离。"

二十八

孟子曰："诸侯之宝三：土地，人民，政事。宝珠玉者，殃必及身。"

二十九

盆成括仕于齐。孟子曰："死矣盆成括!"盆成括见杀。门人问曰："夫子何以知其将见杀?"

曰："其为人也小有才，未闻君子之大道也，则足以杀其躯而已矣。"

三十

孟子之滕，馆于上宫。有业屦于牖上，馆人求之弗得。

或闻之曰："若是乎从者之廋也?"曰："子以是为窃屦来与?"

曰："殆非也。""夫予之设科也，往者不追，来者不距。苟以是心至，斯受之而已矣。"

三十一

孟子曰："人皆有所不忍，达之于其所忍，仁也；人皆有所不为，达之于其所为，义也。人能充无欲害人之心，而仁不可胜用也；人能充无穿踰之心，而义不可胜用也。人能充无受尔汝之实，无所往而不为义也。士未可以言而言，是以言餂之也：可以言而不言，是以不言餂之也，是皆穿踰之类也。"

三十二

孟子曰："言近而指远者，善言也；守约而施博者，善道也。君子之

言也，不下带而道存焉。君子之守，修其身而天下平。人病舍其田而芸人
之田，所求于人者重，而所以自任者轻。"

三十三

孟子曰："尧舜，性者也；汤武，反之也。动容周旋中礼者，盛德之
至也；哭死而哀，非为生者也；经德不回，非以干禄也；言语必信，非以
正行也。君子行法，以俟命而已矣。"

三十四

孟子曰："说大人，则藐之，勿视其巍巍然。堂高数仞，榱题数尺，
我得志弗为也；食前方丈，侍妾数百人，我得志弗为也；般乐饮酒，驱骋
田猎，后车千乘，我得志弗为也。在彼者，皆我所不为也；在我者，皆古
之制也，吾何畏彼哉？"

三十五

孟子曰："养心莫善于寡欲。其为人也寡欲，虽有不存焉者，寡矣；
其为人也多欲，虽有存焉者，寡矣。"

三十六

曾皙嗜羊枣，而曾子不忍食羊枣。

公孙丑问曰："脍炙与羊枣孰美？"孟子曰："脍炙哉！"

公孙丑曰："然则曾子何为食脍炙而不食羊枣？"曰："脍炙所同也，
羊枣所独也。讳名不讳姓，姓所同也，名所独也。"

三十七

万章问曰："孔子在陈曰：'盍归乎来！吾党之士狂简，进取，不忘其初。'孔子在陈，何思鲁之狂士？"

孟子曰："孔子'不得中道而与之，必也狂狷乎！狂者进取，狷者有所不为也'。孔子岂不欲中道哉？不可必得，故思其次也。"

"敢问何如斯可谓狂矣？"曰："如琴张、曾皙、牧皮者，孔子之所谓狂矣。"

"何以谓之狂也？"曰："其志嘐嘐然，曰'古之人，古之人'。夷考其行而不掩焉者也。狂者又不可得，欲得不屑不洁之士而与之，是狷也，是又其次也。

孔子曰：'过我门而不入我室，我不憾焉者，其惟乡原乎！乡原，德之贼也。曰："何如斯可谓之乡原矣？"

曰："'何以是嘐嘐也？言不顾行，行不顾言，则曰：古之人，古之人。行何为踽踽凉凉？生斯世也，为斯世也，善斯可矣。'阉然媚于世也者，是乡原也。"

万章曰："一乡皆称原人焉，无所往而不为原人，孔子以为德之贼，何哉？"

曰："非之无举也，刺之无刺也；同乎流俗，合乎污世；居之似忠信，行之似廉洁；众皆悦之，自以为是，而不可与入尧舜之道，故曰德之贼也。孔子曰：'恶似而非者：恶莠，恐其乱苗也；恶佞，恐其乱义也；恶利口，恐其乱信也；恶郑声，恐其乱乐也；恶紫，恐其乱朱也；恶乡原，恐其乱德也。'君子反经而已矣。经正，则庶民兴；庶民兴，斯无邪慝矣。"

三十八

孟子曰："由尧舜至于汤，五百有余岁，若禹、皋陶，则见而知之；

若汤，则闻而知之。由汤至于文王，五百有余岁，若伊尹、莱朱则见而知之；若文王，则闻而知之。由文王至于孔子，五百有余岁，若太公望、散宜生，则见而知之；若孔子，则闻而知之。由孔子而来至于今，百有余岁，去圣人之世，若此其未远也；近圣人之居，若此其甚也，然而无有乎尔，则亦无有乎尔。"

陈柱　中庸注参

目 录

自　序

《史记·孔子世家》言子思作《中庸》。《汉书·艺文志》儒家有《子思》二十三篇。沈约云："《礼记》之《中庸》、《表记》、《坊记》、《缁衣》皆取《子思子》。"然则《史记》之《中庸》，与《汉志》之《子思》为一欤？为二欤？而今《礼记》之《中庸》、《表记》、《坊记》、《缁衣》或即为《汉志》之《子思》欤？或为《子思》之数篇欤？斯固未可知。而今所传《礼记》之《中庸》篇，则固非《史记》之完本，明矣。近为暨南大学及大夏大学两校，讲《中庸》，乃以己意略注之，其别无新意者，则仍采郑注。并略录各家之说，以备参考。而于近代戴震、康有为、马其昶及业师唐蔚芝先生之说，录之尤众。虽不必尽同己意，而唐书醇粹而精深，戴书切实而通明，康书博大而新颖，马书简当而明析，皆《中庸》注家之英杰也。辑注既毕，命之曰《中庸注参》，爰为之序曰：《中庸》者盖子思述孔子之学，而益发辉光大之者欤？其称"仲尼祖述尧、舜，宪章文、武"，足见孔子学问之渊源；其称"上律天时，下袭水土"，天时者占有时间者也；水土者占有空间者也，足见孔子之教因时因地而异；其称"万物并育而不相害，道并行而不相悖"，足见孔子之教之大；其称"聪明睿知，足以有临；宽柔温厚足以有容；发强刚毅，足以有执；齐庄中正，足以有敬；文理密察，足以有别"，足以见孔子为教之态度；其言"君子尊德性而道问学，致广大而尽精微，极高明而道中庸，温故而知新，敦厚以崇礼"，足见孔子为学之精神。故或者谓《中庸》之书，不翅孔子之行状，信不诬也。且后之大儒，莫著于孟、荀二子。《史记·孟子列传》谓"孟子受业子思之门人"，一本门下无人字。则孟子盖亲受业于子思。故孟子书亟称《子思》。荀子虽以非孟子之故，亦因而非子思。然吾观《中庸》之言性也，曰："天命之谓性，率性之为道，修道之为教"，则子思之言，实开孟、荀二派。何者？孟子言性善，率性之说也；荀子言性恶，修道之说也。《中庸》又言"诚者天之道，诚之者人之道。"前者则性善所本，后者则性恶所本也。他若"尊德性而道问学"，性善，故尊德性；性恶，故道问学也。"致广大而尽精微"，孟子重识大，致广大也；荀子贵专一，尽精微也。"温故而知新"，孟子重遵先王，温故也，荀子贵法后王，知新也。"敦厚以崇礼"，孟子道性善，故敦厚，荀子道性恶，故崇礼。若夫"极高明而道中庸"，则二子之所同尚，故孟子尊"孔子圣之时"，而荀子称"孔子兼陈万物而中县衡焉"，则孟、荀二子之学派虽异，举不能外乎子思《中庸》篇所言之恉，是研究儒家之学派者，于《中庸》一书，尤有不可忽者矣。然则吾今之辑是注，或亦不无小补乎？昔讲学南洋大学时，曾著《中庸通义》，久已刊布，今匆匆十余年矣。虽不敢谓学有寸进，然治学之方，今则大异于昔，欲举而弃之，又有所不忍，别再版行世，以觇今吾故我之异焉。

中华民国十九年七月十六日，北流陈柱柱尊序于上海国立暨南大学。

说　明

（一）《中庸》为儒家思想最重要之书，然古来注者或多失之迂腐，今注本，又多失之浅陋。本书辑注，力矫此二弊。

（二）鄙人所注，务使简易明白，所辑各家之注，自戴东原以下，多近代大家之言，均深受时代学术之影响，无陈腐之习气。

（三）戴震注《中庸》，世亦尚少传本。

（四）所辑各注，以近代大家为多。以古代之注，多已流行，近代之著作，尚颇少人留意也。

（五）所采之注家，为郑康成、孔颖达、朱熹、顾炎武、戴震、康有为、徐灏、徐绍桢、刘师培、马其昶、唐蔚芝、陈钟凡诸家。

中庸注参

天命之谓性，率性之谓道，修道之谓教。

柱按：命犹生也。所生命连言。《论衡·骨相篇》云："命谓初所禀得而生也。"是命有生义。"天命之谓性"谓天生之自然者谓之性。是人生之本然，不假于外者也。率，郑注云："循也。"循此自然之性而行谓之道。道，路也，引申之为人生之道。好生而恶死，此生物之性也。有此好生之性，则循此好生之性而行，去死避难，以求遂其生生之性，是之谓道。然生物虽好生而恶死，然好之不得其道，或纵欲之过而自戕其生，或专欲之过而彼此相杀，则亦自取死亡之道也。故是道也，又必修而明之而后可。故君子修而明之以教于人人，故曰修道之谓教。

参　考

戴震云：生而限之于天，是曰天命。凡分形气于父母，即为分于阴阳五行。人与百物，各以类滋生，皆气化之自然。《大戴礼记》曰："分于道谓之命，形于一谓之性。"分于道者，分于阴阳五行也。此之大别，各以气类。而同类之中，又复不齐。故曰："天命之谓性。"有生以后，则有相生养之道，亦如气化之不可已。经传中或言天道，或言人道。天道气化流行，生生不息是也。人道以生以养，行之乎君臣父子夫妇昆弟朋友之交，是也。凡人伦日用，无非血气心知之自然。故曰："率性之谓道。"然心知有明暗。当其明则所行不失，当其暗则有差谬之失。修者，察其得失，而使一于善。非于道之外，别为法制也，故曰："修道之谓教。"篇内又以修身修道连言，身之实事是为道，道不可不修明矣。

康有为云：人非人能为，天所生也。性者生之质也。禀于天气以为神明，非传于父母以为体魄者。故本之于天。《易》曰："乾道变化，各正性命"也。率，循也。循人人公共禀受之性，则可公共互行，故谓之道也。修，治也。道者可行之谓，尚多粗而未精。善道者以其法传之人人，故谓之教也。言孔子教之始于人道，孔子道之出于人性，而人性之本于天生，以明孔教之原于天而宜于人也。

刘师培曰：告子曰：生之谓性。仪征阮氏《性命古训》曰：性字本从心生。先有生字，殷、周古人造此字以谐声，声即意也。盖人秉性而生，故《中庸》言"天命之谓性"，《乐记》言"民有血气心知之性"。盖血气心知，即性之实体。古代性字与生字同。性字从生，指血气之性言也；性字从心，指心知之性言也。性生互训，故人性具于生初。

陈钟凡云：《大学》言修身本于正心诚意，《中庸》则推其原于性命。曰："天命之谓性，率性之谓道，修道之谓教"，性者天赋人类自然之本能，道者发展本能之谓，教者由明之诚，故谓之修道。

道也者，不可须臾离也，可离非道也。是故君子戒慎乎其所不睹，恐惧乎其所不闻。莫见乎隐，莫显乎微，故君子必慎其独也。

柱按：道者生生之道也。故不可须臾离。离则死矣。然此道贵乎能修。而修之本在乎隐微。故戒慎恐惧乎不见闻之时。盖深明乎行为之本于意志，欲行为之善，先求乎意志之善也。

参　考

戴震云：人所行即道，威仪言动，皆道也。"可"如"体物而不可遗"之可。凡对人者接于目而睹，则戒慎其容仪；接于耳而闻，则恐惧有愆谬。君子虽未对人，亦如是，为动辄失道，而不使少疏也。

唐蔚芝师云：曰"戒慎乎其所不睹"，则其可睹者戒慎更可知也；曰"恐惧乎其所不闻"，则其所可闻者恐惧更可知也。

马其昶云：性体充实，无间一息。失其本然之性，即一息非人。故道不可虽。莫见莫显，犹曾子言"十目所视，十手所指"也。"君子无终食之间违仁"，故慎独为率性之功。

喜怒哀乐之未发，谓之中；发而皆中节，谓之和。中也者，天下之大本也；和也者，天下之达道也。致中和，天地位焉，万物育焉。

柱按：当喜怒哀乐未发之时，其犹阴阳二电未经摩擦，尚未发生电气之时乎？"发而皆中节，谓之和"则非不能喜，不能怒，不能哀，不能乐矣。推贵乎中节而已。能中节则武王"一怒而安天下之民"，亦可谓之和也。反是，则当怒而不怒，亦不足谓之和。故中庸之道，非乡愿所得似也。"致中和"，谓人人皆极致乎中和也。"天地位焉"，谓天地得其所，极言天下太平也。"万物育焉"，谓万物得遂生生之道也。夫儒家之学，以天地位、万物育为主惼，其道何等博大？与近世欧洲之物竞主义、国家主义，专以残杀异类为自存之计者，其仁暴盖相隔天渊矣。

参　考

戴震云：中和者，动静俱得之美名，喜怒哀乐中节，即可以言和。其未发也，虽赤子之心无知，亦即可以言中。论喜怒哀乐，不惟未发以前，无所容心。即发而中节，亦无所容心也。论中和之实，则合天下事，无不自中出，无不以和为至。故曰："大本"，曰："达道"。篇内言"尊德性"，与上两节之交相足；言"道问学"，与此节文相足。德性曰尊，所谓戒慎恐惧，所谓慎独是也。问学曰道，此所谓致是也。德性，譬则身之血气也；问学，譬则饮食也。不保护而自耗败其血气，与废饮食之养无以增长吾之血气，其为二事甚明。以喜怒哀乐言中和，性情之德无一人不可语于此也；以中和言大本达道，孰能尽之哉？其功非于发与未发也。由问学以扩其心知，"至听明圣知达天德者"乃为致之所极。凡位其所者中也。凡遂其生者和也。"天地位"，天地之中也，"万物育"，天地之和也。中和而至于"天地合其德"，故曰："天地位焉"，以见中之如是也，"万物育焉"，以见和之如是也。"天地位焉"，该凡位其所者言也；"万物育焉"，该凡遂其生者言也。凡位其所者，天定者也，本也；凡遂其生者，人事于是乎尽也，道也。孔子对齐景公问政曰：君君，臣臣，父父，子子。公曰：善哉！信如君不君，臣不臣，父不父，子不子，虽有粟，吾得而食诸？《丧服传》曰："父者子之天也，夫者妻之天也"，盖天地位，万物育，无适而不可见也。本乱必害于道，道失必害于本，中和虽分言之，致中和之功，一而已矣。

唐蔚芝师云：此章言性情教育，推原天命，实即人道教育也。人道以性情为本，《大学》言修身在正心，不外乎去好乐忿懥诸弊；言齐家在修身，不外乎去哀矜傲惰诸弊。孟子言良心则曰"平旦之气其好恶与人相近也者几希。"可见修齐治平之道，以治性情为最要。

徐绍桢云：《广雅·释诂》《广韵·三钟》并云："庸，和也。"此中庸亦当训为中和。书中凡言"君子中庸"，"中庸其至矣乎"，"择乎中庸"，"中庸不可能也"，"君子依乎中庸"，皆称引孔子之言。子思恐学者不知中庸之义，又恐学者不知庸之为和，故先于第一章发明之曰："喜怒哀乐之未发，谓之中；发而皆中节，谓之和。中也者，天下之大本也；和也者，天下之达道也。致中和，天地位焉，万物育焉。"乃以仲尼曰："君子中庸"云云，其后称"大哉圣人之道，洋洋乎发育万物，峻极于天"。又以"故君子尊德性而道问学，致广大而尽精微，极高明而道中庸"，申明之。所谓道中庸，亦即致中和之义也。

仲尼曰：君子中庸，小人反中庸。君子之中庸也，君子而时中；小人之反中庸也，小人而无忌惮也。

柱按：此时中，孟子所称孔子圣之时者也。各本作"小人之中庸也"，无"反"字。今依王肃本加。无忌惮与上文戒慎恐惧相反。

参　考

戴震云：庸即篇内"庸德之行，庸言之谨"，由之务协于中，故曰中庸。而，犹乃也。君子何以中庸？乃随时审处其中；小人何以反中庸？乃肆焉以行。陆德明《释文》云：王肃本作"小人之反中庸也"，当是魏、晋间仍有古本未脱反字者。

康有为云：孔子之道有三统三世焉。其统异，其世异，则其道亦异。故君子当因其所处之时，观其会通，以行其典礼，上下无常，惟变所适。别寒暑而易裘褐，因水陆而资舟车。道极相反，行亦相反。然适当其时则为此时之中庸，故谓之时中。若守旧泥古，而以悍狂行之，反乎时宜，逆乎天运，虽自谓中庸，而非应时之中庸，则为无忌惮之小人而已。

子曰：中庸其至矣乎？民鲜能久矣！

柱按：就气性而言则为中和，就行事而言则为中庸，二者一而二二而一者也。此孔子叹中庸之道之至，而能行之者少。民能行中庸者少，则放辟邪侈者多，则由上之礼教不明也。

参　　考

戴震云：民非知而能之也，由于先王之礼教，而心志纯一谨厚，无私愿饱肆之行，则亦能之。盖生养教化尽于上，使民有恒心，故也。

唐蔚芝师云：此"鲜能"与下"鲜能知味"同。盖天下过者为横民，不及者为懦民。世必多能中庸之国民，而后天下可望其平，故教育国民，必以中庸为主。

康有为云：天下之道教多矣。然如耳目鼻口，各得一偏，寡能齐天地之容，协群生之宜者，惟孔子中庸之道，虽极平常，而实诣其至极。惜诸子之偏邪而不能为也。民，谓当时诸子之徒。

子曰：道之不行也，我知之矣：知者过之，愚者不及也。道之不明也，我知之矣：贤者过之，不肖者不及也。人莫不饮食也！鲜能知味也！

柱按：道谓中庸之道也。此谓人之行道明道，皆有过与不及之患，以见中庸之难也。"人莫不饮食，鲜能知味"，以见知又难于行。可见中庸之道，虽非人人所能知，而明礼乐之范之，却可以使之人人能行。

参　　考

戴震云：道不出人伦日用之常，愚者任其惑暗，不求行之无怨；不肖者溺其心，不求得事之宜：此失之不及，而道不行不明也。智者自负其不惑，以为行之不谬矣，而往往多谬；贤者自信其无隐，以为出于正而已矣，往往执而鲜通：此失之过而道不行不明也。皆弗思焉耳。

子曰：道其不行矣夫！

柱按：道亦指中庸之道，此叹无明中庸之道，以范天下民者。

子曰：舜其大知也与？舜好问而好察迩言，隐恶而扬善，执其两端，用其中于民，其斯以为舜乎？

柱按：上言知贤之过，与愚不肖之不及。此言舜之大知，而能不过。其能不过，又在乎好问、察迩、隐恶、扬善，故能执其两端之中，而用之于民，使民之愚不肖者，亦能行中庸而无放僻邪侈之患也。

参　考

戴震云：执其两端，如一物之有本末首尾，全体无遗弃也。"其斯以为舜乎"言舜之知，而又如斯，是以为大知。

子曰：人皆曰予知，驱而纳诸罟擭陷阱之中，而莫之知辟也；人皆曰予知，择乎中庸，而不能期月守也。

柱按：此言不能守中庸之道者，必有祸患，如驱而纳诸罟擭陷阱之中，而不之知辟也。虽自以为知，其不知甚矣。

参　考

戴震云：人不自以为知，则必常兢兢，庶几少失；未有自以为知而不动辄得咎者也。人伦日用之常，由之而协于中，是谓中庸。则审择而知其意，守之勿失，亦人人可与于此者。自以为知，虽知其意，旋必失之。

康有为云：天下之学者皆自以为知者，然未从中庸之道，未几即为异教所诱，是无异舍康庄之大道，而入罟擭陷阱也。而尚自谓其知，其愚可悯矣。

子曰：回之为人也，择乎中庸，得一善，则拳拳服膺，而弗失之矣。

柱按：上言择乎中庸，而不能守；此言颜回择乎中庸，得一善而不失，以见大知不自知，故能知，与常人之自知而不知者，异也。

参　　考

戴震云：服膺弗失，谓如持物者奉之著于胸间，不少置也。

唐蔚芝师云：以罟搓陷阱不能辟，喻择乎中庸不能守者。盖人既不能信依中庸，乃日以机械变诈为事，以己之机心，召天下之杀机，必致纳于罟擭陷阱以死，是以机心自杀也。若既择乎中庸矣，乃为世俗所转移，而不能守，机械之心亦得乘之，久亦纳诸罟擭陷阱之中，虽追悔而已无及，是盲从以蹈于死机，因以自杀者也。此皆予智之心误之也。

康有为云：能不惑于他途，而得中庸之道者，"颜氏之子其殆庶几乎？"得一善而服守不失，启尽万善而兼贯靡遗。颜子仁者，能守中庸。

马其昶云："人""仁"同字。

子曰：天下国家可均也，爵禄可辞也，白刃可蹈也，中庸不可能也！

柱按：此慨世无能行《中庸》之道者也。均天下，辞爵禄，蹈白刃，此至难能者也，而世或有能之者；独中庸之道，人人所共能，而独无能之者，是以深叹之也。

参　考

戴震云：均谓分疆正域，平量财赋，有取于均之事。天下国家可均，则其人不私者也；爵禄可辞，则其人清者也；白刃可蹈，则其人刚者也；各成其一德而已。中庸必具众德，又非勉于一时，故难。

徐绍桢云：夫中庸为记中和之用，则以庸训和，当矣。郑君于"君子中庸"复训庸为常，朱子因之，遂有平常之训。孔子明曰："天下国家可均，爵禄可辞，白刃可蹈，中庸不可能"，则亦非平常可知。程子谓不易之谓庸，亦但以意言之，余皆不敢从也。

子路问强？

参　考

康有为云：《易》曰："天行健，君子以自强不息"，《洪范》以弱为六极之一，故强为人道自立之德也。子路勇者，能行中庸。

子曰：南方之强与？北方之强与？抑而强与？

柱按：郑注言三者所以为强者异也。抑，辞也。而之言女也，谓中国也。郑以而为女，女指中国，恐不然。抑、而，均辞也。"抑而强与"，犹云抑强者与？即下文"而强者居之"之强者，问虽为三，而解则二而已。

宽柔以教，不报无道，南方之强也，君子居之；衽金革，死而不厌，北方之强也，而强者居之。

柱按： 南方之强，老子一派近之，后来之佛尤然。北方之强，墨子一派近之，后来之侠尤然。

参　　考

戴震云：厌，憎服也。

唐蔚芝师云：宽柔以教，以宽柔为教也。老子曰："以天下之至柔，驰骋天下之至刚"，敛藏退守，南方之强似之。

康有为云：君子以人同一体。凡人之不能，皆我之不能也。故矜而教之，自无褊隘忿激之心，是以宽柔以教。凡人相加之无道，亦我之无道也。故犯而不校，但有含容覆载之意，是以不报无道。物立于群生间，强则存，弱则败。故人道之自保，皆战胜之余力。立国立教者，皆然。故百死不畏挠，孔子有取焉。

故君子和而不流，强哉矫！中立而不倚，强哉矫！国有道，不变塞焉，强哉矫！国无道，至死不变，强哉矫！

柱按： 强者虽居于北方之强，非即北方之强也。君子虽居于南方之强，非即南方之强也。故此更就君子之强而言之。和与中立，此近乎南方之强者也；国无道至死不变，此近乎北方之强者也；合而一之，故和而不流矣，中立而不倚矣，不唯无道不变，即有道亦不变矣。故为中庸之强。郑注：流，移也；塞，犹实也；矫，强貌；塞或为色。

参　　考

唐蔚芝师云：君子者不囿于方隅者也。处世以和为贵。然和而流，则与众人皆浊矣。惟和而不流，所以为中庸之道也。孟子曰："中天下而立"，中立不倚，有特立独行之概，不随世俗为俯仰，所以为中庸之道也。不变塞焉，至死不变，是笃信中庸之学，而守死善道者也。

康有为云：矫，大力貌；倚，偏著也；塞，穷也。《易》曰："旁行而不流"，行于非道而不人于非道，与物委蛇而不没靡焉，尤有神力矣。其居中履正，独立不惧，无所倚傍，自行其是，有大力矣。若隐居求志，行义达道；穷达一辙，不以曲学阿世；遭乱际变，守节奉义；生死一致，不以患难易操；凡四者，皆大勇也。非血气所能。孔子体子，以教子路，为中庸之强。

子曰：素隐行怪，后世有述焉，吾弗为之矣。

参　考

戴震云：素隐行怪，谓舍常行之道，而专乡隐僻以矫异于众也。

康有为云：素隐，如老学之隐退曲全；行怪，如墨子之生不歌死无服。凡诸子皆是。言之有理，持之有故，极易惑人，故徒众广大，多有嗣为其后以述其教者。孔子以前，若沮溺楚狂之隐，子桑伯子原壤之怪，其类甚多。孔子皆不欲为之，言此为外道异教，不可众也。盖有智仁勇之德，尤不可溺于非道也。此为误人异道者戒。

马其昶云：惟庸行无赫赫之名。

君子遵道而行，半途而废，吾弗能已矣。

柱按：此言行中庸之道，须有始有终。

参　考

康有为云：有智仁勇之君子，能择中庸而行之，遵道矣；然心力不毅，多中道沮废，颓然自放，或一篑而即止，或末路而失节；若此者，秀而不实，淹留无成。孔子则学而不厌，俛焉孳孳也。此为学道而中止者戒。

马其昶云：惟庸行可久。

君子依乎中庸，遁世不见知而不悔，惟圣者能之。

柱按："依乎中庸"，与上"素隐行怪"异矣。不见知而不悔，则无遵道而行，半途而废之患矣。

参　　考

戴震云："依乎中庸"，于人伦日用之常道，无不尽也。"用之则行，舍之则藏"，故不见知不悔。

康有为云：《易》曰："不易乎世，不成乎名，遁世无闷，不见是而无闷，乐则行之，忧则违之，确乎其不可拔"，此学道而成圣者也。圣之品位，孟子以为在神之下，盖神人惟孔子，自余学之至者，则礼圣也。

君子之道，费而隐，夫妇之愚，可以与知焉；及其至也，虽圣人亦有所不知焉；夫妇之不肖，可以能行焉；及其至也，虽圣人亦有所不能焉。

柱按：君子之道，中庸之道也。夫妇之愚不肖者可知可行，以见中庸之道，人人可勉；圣人亦有所不知不能，以见中庸之极致甚难，虽圣人亦不能不勉。

参　　考

戴震云：许叔重《说文解字》曰："费，散财用也"，故其义为散之所广遍。君子之道，虽若深隐难窥，实不过事物之咸得其宜，则不可徒谓其隐，乃费而隐也。后儒以隐为道之体，是别有所指以为道，非圣贤之所谓道也。道即人伦日用，以及飞潜动植，盈天地之间无或违其性，皆是也。故下推言所谓费，而不及隐，文理甚明。

唐蔚芝师云：夫妇之愚可以与知，良知也；夫妇之不肖可以能行，良能也。爱亲敬亲，匹夫匹妇亦能知之，而能行之。及其至而圣人亦有所不能知，盖物理繁□，圣人亦有所不及知也；及其至而圣人亦有所不能，盖人功物曲之巧幻，圣人亦有所不及能也。

马其昶云：费而隐，则不必素于隐矣，求道于费可也。

天地之大也，人犹有所憾。

柱按：此申明圣人之于道，亦有所不知，不能也。天地之大，人犹所憾，则圣人之于明道行道，人不能无憾也可知。人不能无憾，则圣人之知有不尽，行有不尽可知。

故君子语大，天下莫能载焉；语小，天下莫能破焉。《诗》云：鸢飞戾天，鱼跃于渊，言其上下察也。

柱按：郑注：一语，犹说也。所说大事，谓先王之道也。所说小事，谓若愚不肖夫妇之知行也。圣人尽兼行。察，犹著也。柱谓：中庸之道，在于人伦日用，故人人不能破除。故曰："语小天下莫能破。"及其至也，"止于至善。"然而善无止境，故曰"语大天下莫载。"

君子之道，造端乎夫妇；及其至也，察乎天地。

柱按：此申明上文语大语小之意，造端乎夫妇，故莫能破也；察乎天地，故莫能载也。

子曰：道不远人，人之为道而远人，不可以为道。

柱按：道为人伦日用之道，故不远人；若夫所为之道，素隐行怪，远于人伦日用，则不可为道矣。

参　　考

戴震云：而，若，语之转。"以为"与下文"以为"同。上所谓费，遍及事物言之，皆不远人者也，人之为道若远人不可谓道，素隐行怪之非道，明矣。

康有为云：道非以为鬼神，道非以为木石鹿豕，道以为人之道也。道要于人所行，通于人所共行，则可以为道。故孔子之道，因于人性有男女饮食伦常日用而修治品节之。虽有高深之理，卓绝之行，如禁肉去妻，苦行练神，如婆罗门九十六道者，然远于人道，人情不堪，只可一二畸行为之，不能人人共行者，即不可以为人人共行之道，孔子不以为教也。

《诗云》："伐柯伐柯，其则不远"，执柯以伐柯，睨而视之，犹以为远，故君子以人治人，改而止。

柱按：以所执之柯，度所伐之柯，其长短相差或不能无远。惟君子之道，以人治人，必无远于人道之理。若有远于人道者，则务必改之，使合而后止也。

参　　考

朱熹云：所以为人之道，各在当人之身，君子之治人，盖责之以其所能知能行。

戴震云：法在所执之柯，以此度所伐之柯，视之既审，或不免微差，犹谓之远，可也。君子治人之道，非自我立之，法不过以心之所同然者喻之。彼之心以为宜然，未有不自改者，斯可以止矣。是诚不远也。

唐蔚芝师云：执柯伐柯者，所执者已成之柯也，所伐者未成之柯也，故犹以为远也。若人则禀性皆同实无彼此之别，故不远也。且执柯伐柯，非任木之性也，必待于绳削也，故犹远也。若以人治人，则任人之性也，无待于绳削也，故不远也。且执柯伐柯，不能为再三之改也，再三改而柯受伤矣。若人治人，则虽为再三之改，而人仍可进于道也。故改而即止也。

康有为云：夫即人即道，至简易矣。然人之为性，金刚水柔，嗜甘忌辛，气质有殊，习俗有别，则不能无差。孔子修道，但因人之固有而略改定之，或抑有余，或补不足，释回增美，如斯而已，非有离人之神术也。

忠恕违道不远，施诸己而勿愿，亦勿施于人。

柱按： 忠恕违道不远，不远非近之谓，乃与道相合，而绝不相离之辞。上文以人治人，即此文之忠恕也。以人治人，亦犹以己治人也。故曰"施诸己而勿愿，亦勿施于人"，此消极的忠恕。

参　考

康有为云：中心出之之谓忠，恕心行之之谓恕，违，去也，道者人所共行也；必与人同之而后可。物类虽多，而相对待者不外人己。同为人类，不相远也，人莫不爱己，"己欲立而立人，己欲达而达人。""己所不欲，勿施于人。"张子所谓以爱己之心爱人则尽仁。孔子告子贡以一言行终身者。推己及人，乃孔子立教之本，与民同之。自主平等，乃孔子立治之本，故子思特揭之。

君子之道四，丘未能一焉，所求乎子，以事父，未能也；所求乎臣，以事君，未能也；所求乎弟，以事兄，未能也；所求乎朋友，先施之，未能也。庸德之信，庸言之谨；有所不足，不敢不勉；有余不敢尽；言顾行，行顾言，君子胡不慥慥尔！

柱按：此所求为积极的忠恕。合消极积极两者，则君子治己治人之道，可以明矣。郑注，慥慥守实言行相应之貌。

参　　考

戴震云：人之常情，于人易求尽，以此反诸身，则尽道矣。凡所当尽者，行之诚不易，亦可知勿责于人矣。自古施于人而不顾其难受，责于人而己概未能，天下国家所以亡也。行易不足，言易有余。不敢尽，其谨可知。言顾行，有言必有是行也；行顾言，恐不逮其言，是自乐也。

康有为云：人生而有父母，同生而有兄弟，事业则有君臣，交游则有朋友，皆人之不能离者，所谓达道也。然人之交处，爱恶相攻，而吉凶生，情欲感而利害生，故最易生嫌而相失。惟君子责己而不责人，先自尽其子、臣、弟、友之道焉。若为父、为君、为兄者亦当自责以慈、仁、友爱。孔子但从其多者言之，以卑幼多于尊长也。

君子素其位而行，不愿乎其外；素富贵，行乎富贵；素贫贱，行乎贫贱；素患难，行乎患难；素夷狄，行乎夷狄；君子无入而不自得焉。

柱按：此谓君子向其所处之位而行其道。处富贵则行其道于富贵，处贫贱则行其道于贫贱，处患难则行其道于患难，处夷狄则行其道于夷狄。

无在而不可以行其道，故无在而不自得。而不以富贵淫其志，贫贱灰其心也。君子行道之勇如此。

在上位，不陵下。在下位，不援上。正己而不求于人，则无怨。上不怨天，下不尤人。故君子居易以俟命，小人行险以徼幸。

柱按：此明君子于富贵分贱，均正己以行道，而不求于人也。无求于人，故能不怨天，不尤人。命谓自然而然者，既正其在己者，则富贵贫贱听之自然，而不求于人也。修身在己，故为居易；富贵外物，故当俟命。小人则不然，唯富贵之是务，故不惜舍正路而不由，故曰"行险以徼幸"。

子曰：射有似乎君子，失诸正鹄，反求诸其身。

柱按：他以射申明上文正己而不求诸人。

参　考

马其昶云：道在反己，不怨天尤人，此皆率性之实功。外是以言道，非中庸之道矣。

君子之道，辟如行远，必自迩。辟如登高，必自卑。《诗》曰："妻子好合，如鼓瑟琴。兄弟既翕，和乐且湛。"子曰：父母其顺矣乎？

柱按：此明君子之道，造端乎夫妇，引《诗》言妻子好合，则兄弟可翕，然则父母之顺亦可知。唯诗文略而不言耳。故孔子补之曰："父母其顺矣乎？"

参　考

戴震云：谓如《诗》之言，父母未有不顺于心者。

此章康本移在"君子之道四"之上，云：此章旧错《素位章》下，《鬼神章》上，于义不伦；今移在此，□与下子臣弟友相衔不紊焉。

马其昶云：此言君子尽道于己，可以顺亲，故下云：修道之教必以孝为先也。

子曰鬼神之为德，其盛矣乎？视之而不见，听之而不闻，体物而不可遗。使天下之人，齐明盛服，以承祭祀，洋洋乎如在上，如在其左右。《诗》曰："神之格思，不可度思，矧可射思。"夫微之显，诚之不可掩，如此夫！

柱按：此虽言鬼神之德之盛，然而云"不见不闻"，云"如在"，则非以为真有鬼神之形状可知。故儒家之言鬼神，与墨家之明鬼不同。郑注："体，犹生也；可，犹所也；格，来也；矧，况也；射，厌也；思皆声之助。"

子曰：舜其大孝也与？德为圣人，尊为天子，富有四海之内，宗庙飨之，子孙保之。故大德，必得其位，必得其禄，必得其名，必得其寿。故天之生物，必因其材而笃也。故栽者培之，倾者覆之。《诗》曰："嘉乐君子，宪宪令德，宜民宜人，受禄于天，保祐命之，自天申之"，故大德者必受命。

柱按：此数节孔子就在上位者而言之，所谓素富贵行乎富贵者也。必得者当就其常言之，如云：卫生家必得其寿，是其常也。而有不寿者，则其变也。圣人之教人，则就其常者言之，而已。且又当就比较而言之。与他人之比较易知，举本身之比较难见。如某非卫生家，而享寿八十；某为卫生家，而寿止三十。则卫生似无益于寿矣。而不知向使寿八十者，益以卫生，焉知不满百？寿三十者，不益以卫生，焉知不二十而止？则卫生非无益于寿明矣。人之修德，亦何异此。郑注："《诗·大雅·嘉乐篇》：宪，可法也。"

参　考

马其昶云：此立教之圣人，致极中和之验。

子曰：无忧者其惟文王乎？以王季为父，以武王为子；父作之，子述之。

柱按：郑注：圣人以立法度为大事，子能述成之，则何忧乎？尧、舜之父子则有凶顽；禹、汤之父子，则寡令闻；父子相成，唯有文王。

武王缵大王王季文王之绪，壹戎衣而有天下，身不失天下之显名，尊为天子，富有四海之内。宗庙享之，子孙保之。

柱按：郑注：缵，继也；绪，业也；戎，兵也；衣读如殷，声之误也，齐人言殷声如衣。虞、夏、商、周氏者多矣，今姓有衣者殷之冑与？壹戎殷，壹用兵伐殷也。

武王末受命，周公成文武之德，追王大王王季，上祀先公以天子之礼。斯礼也，达乎诸侯大夫，及士庶人。父为大夫，子为士，葬以大夫，祭以士；父为士，子为大夫，葬以士，祭以大夫。期之丧，达乎大夫，三

年之丧，达乎天子，父母之丧，无贵贱一也。

柱按：郑注："末，犹老也。先公，组绀以上，至后稷也。斯礼达乎诸侯大夫庶人，谓葬之从死者之爵，祭之用生者之禄也。言大夫葬以大夫，士葬以士，则追王者改葬之矣。期之丧达于大夫，谓旁亲所降，在大功者，其正统之期，天子诸侯犹不降也。大夫所降，天子诸侯绝之，不为服，所不臣乃服之也。承葬祭说期三年之丧者，明于事父以孝，不用其尊卑变。"

参　　考

马其昶云：有其德无其位，亦可以尽孝之量，故立教之圣人，不必皆受命者。

子曰：武王、周公其达孝矣乎？夫孝者，善继人之志，善述人之事者也。春秋修其祖庙，陈其宗器，设其裳衣，荐其时食。

柱按：郑注："修，谓扫粪也；宗器，祭器也；裳衣，先祖之遗衣服也，设之当以受尸也；时食，四时祭也。"

参　　考

顾炎武云：达孝者达于上下，达于幽明，所谓孝弟之至，通于神明，光于四海，无所不通者也。

宗庙之礼，所以序昭穆也；序爵，所以辨贵贱也；序事，所以辨贤也；旅酬下为上，所以逮贱也；燕毛，所以序齿也。

柱按：郑注：序，犹次也；爵，谓公侯大夫士也；事，谓荐羞也；以辨贤者，以其事别所能也，若司徒奉牛，宗伯共鸡牲矣。《文王·世子》曰：宗庙之中，以爵为位，崇德也。宗人受事以官，尊贤也。旅酬下为上者，谓若特牲馈食之礼，宾弟子兄弟之子，各举觯于其长也。逮贱者，宗庙之中，以有事为荣也。燕，谓既祭而燕也。以发色为坐，祭时，尊尊也，至燕，亲亲也，齿亦年也。

参　考

戴震云：序昭穆，据子孙之昭穆无爵者，在阼阶前西面北上，昭为一，穆为一，凡二列，昭与昭齿，穆与穆齿，以次而南。序爵据族与宾之有爵者，《文王·世子》论公族朝于公曰：内朝以齿，外朝则以官。其在宗庙之中，则如外朝之位。此序爵兼同姓异姓之明证。《特牲馈食礼》嗣子举奠之后，神事将终，宾与兄弟以次相酬，曰旅酬。

践其位，行其礼，奏其乐，敬其所尊，爱其所亲，事死如事生，事亡如事存，孝之至也。

柱按：郑注：践犹升也；其者，其先祖也；践或为缵。

郊社之礼，所以事上帝也；宗庙之礼，所以祀乎其先也。明乎郊社之礼，禘尝之义，治国，其如示诸掌乎？

柱按：郑注：社，祭地神，不言后土者，省文。示读如真诸河干之真，真，置也。物而在掌中；易为知力者也。序爵辨贤尊尊亲亲治国之要。

参　　考

朱熹云：郊祭天，社祭地，禘天子之大祭，追祭太祖所自出于太庙，而以太祖配之也。当秋祭，四时皆祭，举其一耳。礼必有义，对举之，互文也。

马其昶云：列引文、武、周之大孝，至于格天受命，飨帝飨亲之盛，皆不过充其孝之量而已。此自诚而明者之事，教之所由生也。

徐绍桢云：此言"治国其如真诸掌"，犹孟子言"治天下可运之掌上"耳。

哀公问政，子曰：文武之政，布在方策。其人存，则其政举；其亡，则其政息。

柱按：此儒家于法治人治兼重之中，而尤重人治之旨，可见。故注重教育。郑注：方，版也；策，简也；息，犹灭也。

参　　考

康有为云：人贤才也，君主之政，莫如文武。孔子举以为哀公法。荀子曰："不患无治法，患无治人。"苟无其人，则虽有良法美意，亦文具空存而已。无关实政，不能逮民也。

人道敏政，地道敏树。夫政也者，蒲卢也。

柱按：此谓善人生善政，犹善地生善木，其变化犹蒲卢之于桑虫然。郑注：敏，犹勉也；树谓殖草木也。人之无政，若地无草木矣。敏或为谋。蒲卢，螺蠃课土蜂也。《诗》曰：螟蛉有子，螺蠃负之。螟蛉桑虫也，蒲卢取桑虫之子，去而变化之，以成为己子，政之于百姓，若蒲卢之于桑虫然。

参　考

朱熹云：蒲卢，蒲苇也。以人立政，犹以地种树，其成速矣。蒲苇易生之物，成尤速也。

戴震云：蒲卢二字叠韵形容之辞。盖古有是语，夏小正雉入于海为蜃。说曰蜃也者，蒲卢也。与螺蠃同名。蒲卢取义，可推而知。政虽利民，不得其人，皆适以病民，有随人转变之义，夫子答哀公问政，止于此。下文承夫子论为政而推广之以论学，王肃私定《家语》，并袭取之，以为夫子之言，谬矣。

故为政在人，取人以身，修身以道，修道以仁。仁者，人也，亲亲为大。义者，宜也，尊贤为大。亲亲之杀，尊贤之等，礼所生也。

柱按：此言为政在于得善人，而欲得善人，要须先自善其身，欲自善其身，要在修道，而修道莫要于仁。仁从人从二，由己以推及于人人之谓也。老吾老，以及人之老，幼吾幼，以及人之幼，是亲亲之义也。义（義）字从羊从我，善己以及人也。故取人以身，而后能尊贤。此可知儒者亲亲尊贤并重。

参　考

戴震云：道之大目下文君臣父子夫妇昆弟朋友之交是也。随其身之为君为臣为父为子以及朋友，征之践行，身之修不修，乃见。修身以道言，以道实责诸身也。道之责诸身，往往易致差谬。必尽乎仁，尽乎义，尽乎礼，然后于道无憾。"修道以仁"者，略辞，兼义礼乃全乎仁、分言之，由仁而亲亲，由义而尊贤，由礼而生杀与等。仁至则亲亲之道得，义至则尊贤之道得，礼至则有杀有等而靡不得。亲亲尊贤及其等杀，即道中之事。仁义礼难空言，故举以见其略。人于人，情相同，思相治，故曰"仁者人也。"事得其宜则无失，故曰"义者宜也。"礼则各止其分位是也。《易》曰："立人之道，曰仁与义。"此更益之以礼，即仁至义尽之谓。

　　徐灝云：能尽其性之谓仁。《中庸》曰："仁者人也。"孟子曰："仁也者人也。"谓人之义，即仁之道也。天命之谓性，性至善亦至仁。能尽其性，斯人道尽矣。故仁字从人而二之，宋尤叔晦曰：古文有因而重之以见义者，因子而二之为𣎴（即孙字），因大而二之为𡗾（即太字），因人而二之为𠖔（即仁字），是也。二有偶意，引申之有相亲之义。郑注：《中庸》所谓"相人偶"是也。扩而充之则曰："博爱之谓仁。"仁道至大，亦至微。故有一事合于义而可谓仁，有终身行之而不得至于仁者，言各有所当也。

　　康有为云：仁者在天为生生之理，在人为博爱之德，恻怛舒平，气和却节，无有伤恶隐忌嫉妒愁感险谀僻违，仁之性也。董子述孔子微言曰："治其道而以出法，治其志而归之于仁。天仁也。天覆育万物，既化而生之，又养而成之。人取仁于天，而仁也。故有父兄子弟之亲，有忠信慈惠之心，文理灿然而厚，智广大而博，故霸王之道，皆本于仁也。"尸子曰："孔子本仁。"此孔子立教之本。孟子谓道二，"仁与不仁而已。"老子以"天地为不仁"，故自私；孔子以天地为仁，故博爱。立三世之法，望天道之行，太平之世，则大小远近如一，山川草木昆虫鸟兽莫不一统；大同之治，则天下为公，不独亲其亲，子其子，务以极仁为政教之统。后世不述孔子本仁之旨，以据乱之法，小康之治，为至，泥而守之，自隘其道，非仁之至，亦非孔子之意也。甚者自私，流于老子之不仁，此则与孔子之言相背矣。

又云：仁从二人，人道相偶，有汲引之义，即爱力也，实电力也。人具此爱力，故仁即人也。苟无此爱力，即不得为人矣。孟子曰："仁者人也，合而言之道也。"盖人力行仁者，即为道也。此传子思之微言，为孔教之髓也。然爱者力甚大，无所不爱，从何而起？孔子之道分三等，亲亲、仁民、爱物。而道本于身，施由亲始，故爱亲莫大焉。义者，仁之宜也，礼者，仁之节文也。盖仁者无所不爱，而行之不能无断限分别之得宜者，义也。仁从内出，故尚亲亲；义从外定，故尚尊贤；礼则节文斯二者。

马其昶云：此承前节之义，言教必本于孝，而禘帝禘亲之礼，由此生也。

在下位，不获乎上，民不可得而治矣。

柱按：郑注："此句其属在下著，脱误重在此。"

故君子不可以不修身，思修身，不可以不事亲，思事亲，不可以不知人，思知人，不可以不知天。

柱按：前言"为政在人，取人以身，修身以道"，盖以修身为为政之本也。以《大学》言之，则齐家治国平天下，皆以修身为本也。此又言"修身不可不事亲，事亲不可不知人，知人不可不知天"，则以事亲为知人知天之著见者，犹以修身为政之著见者也。以《大学》言之：则齐家治国平天下，为修身之著见者也。然则修身为齐家治国平天下之本，齐家治国平天下为修身之功。"修身以道，修道以仁"，儒家之道，即以修身为本，以齐家治国平天下为功，非于修齐治平之外，别有所谓道也。

参　考

康有为云："自天子以至庶人，皆以修身为本。""修身以道，修道以仁"，故以事亲为本。欲尽亲亲之仁，必由尊贤之义，故以知人为本，然人情万变，知之未易，则当穷极天理，乃能知人。穷知天理，则达造化之故，通生化之理，明治教之原矣。

天下之达道五，所以行之者三。曰：君臣也，父子也，夫妇也，昆弟也，朋友之交也；五者天下之达道也。知，仁，勇三者天下之达德也。所以行之者一也。

柱按：人生之关系，孰能外此五者，五者之外，亦不能再多其一，故曰："五者天下之达道也。"而以知仁勇行之，故曰：达德；达德而先乎知，则研究学术，以益民生，以求五者之幸福，斯为要务矣。有知识学问，必继之以仁德，不然则知识学问，适足以为杀人之具，而其知非真知也。故继之以仁。仁则知爱己爱人，且知不爱人则并己亦不能爱矣。然行之尤贵乎勇，仁而不勇，或知之而不能行，或行之而不能力，或力矣而不能久，故终之以勇。由今言之，知为智育，仁为德育，勇近体育，盖身体不强，亦未有能勇者也。

参　考

戴震云：天下之事，尽于以生以养，而随其所居之位为君为臣为父为子为昆弟夫妇朋友，概举其事，皆行之不可废者，故谓之达道。指其事而言则曰事，以自身行之则曰道。不务践行，则身不修。行之差失，则道不修。上云"修身以道，修道以仁"求准之仁义礼无失以大共之理言也。是为随事审处之权衡。能权之使轻重不爽，则知也。然不徒曰知，而兼言仁者，世不乏知及之，仁不能守之者也。又兼言勇，则强力不可夺。以三者行之，庶几于仁义礼无憾。谓之达德，人皆宜有诸己也。

康有为云：既随人气而为人身，则生我及我生者为父子，事我我事者为君臣，同我生者为昆弟，配我者为夫妇，与我交者为朋友，无能去者，日用行之，故谓之达道也。孔子为五伦，盖因乎人身之自然，而非有强立，故其道不可须臾离也。有出家不娶，舍父母夫妇兄弟矣，然此道必不能人人从之，仍非人人共行之达道也。若夫君者长上役人之义，臣者卑贱役于人之义，则百业未有能免之者。故孔子之道乃天人自然之理，无有能外者也。人道所以别乎犬马，圣者所以过于愚顽，以其识知也。……故知为先焉。推恩远及于禽兽，不推恩则不能保身家。博爱故仁为大焉。气有动力，乃能运两仪。人含铁质，乃能立一身。故弱为六极，强为天行，则勇为要焉。佛氏亦贵智慧慈悲勇猛。三者，具天下之达德也。一者诚也。盖至道非三德不行。三德非一诚不行。此节为孔子道教之大，学者宜尽心焉。

马其昶云：圣人言性，不外三达德，言道不外五达道。以知仁勇之德，行君臣父子五伦之道，所谓修道之教者，修此而已。

或生而知之，或学而知之，或困而知之，及其知之一也；或安而行之，或利而行之，或勉强而行之，及其成功一也。

柱按：生知、学知、困知其所以知虽不同，及其能知也一；则可见人之禀性，虽或有厚薄之不齐，而有可知之性则一，所以贵乎修与教也。安行、利行、勉行三者亦然。

参 考

戴震云：知仁勇之德，人咸有之，亦人咸反之己而不足者也。既反之己而不足，则疑行之以是而未能尽道。然惟务乎此，日新不已，下学而上达，始焉不足，终必能足，舍知仁勇，其于达道，更无所以行之者。故曰："所以行之者一也。"不过质性有差等，是以不足，至于能足则同。

子曰：好学近乎知，力行近乎仁，知耻近乎勇。

柱按：上言"忠恕违道不远，"不远者无远也，无远则相合矣。此言近者，非无远之谓，则好学不过近乎知而已，而好学非即知也。力行近仁，知耻近勇。亦然。

参　　考

戴震云：此又引夫子之言，下文因推广言之。王肃私立家语合前后为答哀公问政，谬也。

知斯三者，则知所以修身。知所以修身，则知所以治人。知所以治人，则知所以治天下国家矣。

柱按：上文言知人不可不知天，此言知治人则知治天下国家，则知天之为何事，不已可推而知乎？盖天犹天道，泛而言之，则为知天；就实事而言之，则为治天下国家矣。

凡为天下国家有九经，曰：修身也，尊贤也，亲亲也，敬大臣也，体群臣也，子庶民也，来百工也，柔远人也，怀诸侯也。

柱按：九经以修身为本，尊贤与亲亲相成，敬大臣与体群臣相成，子庶民与来百工相成，柔远人与怀诸侯相成。郑注：体，犹接纳也；子，犹爱也；远人，蕃国之诸侯也。

参　考

戴震云：群臣位卑，宜加体恤，恐情不能自达也。

修身则道立，尊贤则不惑，亲亲则诸父，昆弟不怨，敬大臣则不眩，体群臣则士之报礼重，子庶民则百姓劝，来百工则财用足，柔远人则四方归之，怀诸侯则天下畏之。

柱按：郑注："不惑，谋者良也；不眩，所任明也。"来百工以足财用，足见注重工业，深知工业为国家之财源，向来儒者倘注意及此，则中国工业，早应发达矣。

参　考

朱熹云：此九经之效。

康有为云：不惑谓不疑于理。不眩谓不迷于事。士感恩则鞠躬尽瘁，效死力以图报。工技巧则物究其极，流通广而多财。四方归则德施博。天下畏则威名尊。此言九经之效。

斋明盛服，非礼不动，所以修身也；去才远色，贱货而贵德，所以劝贤也；尊其位，重其禄，同其好恶，所以劝亲亲也；官盛任使，所以劝大臣也；忠信重禄，所以劝士也；时使薄敛，所以劝百姓也；日省月试，既廪称事，所以劝百工也；送往迎来，嘉善而矜不能，所以柔远人也；继绝世，举废国，治乱持危，朝聘以时，厚往而薄来，所以怀诸侯也。

柱按：郑注："既读为饩，饩廪，稍食也。"此九经之方法。

朱熹云：此九经之事。

凡为天下国家有九经，所以行之者一也。

参　　考

朱熹云：一者诚也。一有不诚，则是九者皆虚文矣。

凡事豫则立，不豫则废。言前定则不跆，事前定则不困，行前定则不疚，道前定则不穷。

柱按：前定，即豫也。今谓准备。郑注："跆，踬也。"

参　　考

朱熹云：凡事皆欲先立乎诚，如下文所推是也。

在下位，不获乎上，民不可得而治矣。获乎上有道，不信乎朋友，不获乎上矣。信乎朋友有道，不顺乎亲，不信乎朋友矣。顺乎亲有道，反诸身不诚，不顺乎亲矣。诚身有道，不明乎善，不诚乎身矣。

柱按：此言为臣之道：欲治其民，先要得乎上；欲得乎上，先要信于朋友。盖事上以忠，交友以信，忠信本相连也。信乎朋友，先要能顺乎亲，盖亲戚不悦，不敢外交，而外交人亦不之信也。欲顺其亲，又要在乎反身而诚；欲诚其身，又在于明善。若善恶不明，亦不得谓之诚矣。

诚者天之道也；诚之者人之道也。

柱按：诚者本能也，即所谓"天命之性"，故曰"天之道"；诚之者扩充本能，所谓"修道"，故曰"人之道"。

诚者不勉而中，不思而得，从容中道，圣人也；**诚之者，择善而固执之者也**。

柱按：本能有大小，禽兽之本能大于昆虫，而人类最初之本能，亦大于禽兽。圣人则生知安行，其本能尤卓越乎人群。此盖指因应环境，适用本能，而能扩充之首出庶物以立教者也。诚之者择善而固执，则以人力扩充本能，而互相效法，守善不忘，故积累以进化不已也。此人类所以异于各动物者也。

博学之，审问之，慎思之，明辨之，笃行之。有弗学，学之弗能，弗措也；有弗问，问之弗知，弗措也；有弗思，思之弗得，弗措也；有弗辨，辨之弗明，弗措也；有弗行，行之弗笃，弗措也。

柱按：既以人力扩充本能，斯可谓之学问。学尚乎博，则重归纳也。又继以审问慎思明辨，恐所学之不精，而归纳者之有误也。以笃行殿于明辨之后，知之不能明，则行之不能笃也。亦以见知难于行。学问思辨行五者皆先曰"有弗"，而后继之曰"弗得弗措"，以见学行贵专，不专亦不能笃，必能专而后能笃也。

人一能之，己百之；人十能之，己千之；果能此道矣，虽愚必明，虽柔必强。

柱按：苟能此道，虽愚必明，虽柔必强，况其本为明者强者与？此学之所以贵乎勇也。

参　　考

唐蔚芝师云：凡人之于学问，必视之如身心性命，始终不舍，而后可底于成。夫人当志学之年，若不毅然自命，而俯仰千古，成圣成贤者，百不得一，何也？学之弗能而措，问之弗知而措，思之弗得，辨之弗明，行之弗笃而措也。"人一能之，己百之；人十能之，己千之。"非言其效也，乃言其志也。

康有为云：明者择善而得，强者固执而中。夫天下知勇之姿本少，而愚柔之禀为多。然或有自暴自弃之心，或为卤莽灭裂之学，宜其永为下愚弱质，而不能有成也。苟能以学问思辨五者，用百倍之力，则虽在愚者闻见博而智益明，虽在柔者，行日起而有功。孔子劝学厉志，于是切矣。

自诚明谓之性，自明诚谓之教，诚则明矣，明则诚矣。

柱按：自诚明者，自诚而明也。自明诚者，自明而诚也。人各有人性中之本能，以有此本能，故能适应而扩充之，此性也。既能适应而扩充之，则知识益大，而本能愈能扩充，此之谓教。故非诚则无明，非明则无诚。译言之：则无本能不能有知识，无知识则本能不能扩充。

参　　考

康有为云：自诚而明者如大日之舍热力，自然大放其光，此天生之圣，由性自得之也。自明而诚者，如蓄火之生热力，此人为之事，由教而成之也。含实热者无不放光明，得光明者无不有实热。《易》曰："文明以健"，《大学》"在明明德"，则明亦可至于诚也。《易》曰："刚健笃实，辉光日新。"《孟子》曰："充实而有光辉之谓大。"诚则必明也。然圣性之诚明，虽不待教，而累世积仁积智，亦自教来，则教为重也。

惟天下至诚，为能尽其性；能尽其性，则能尽人之性；能尽人之民生，则能尽物之性；能尽物之性，则可以赞天地之化育；可以赞天地之化育，则可以与天地参矣。

柱按：诚者本能也；至诚者，则以本能扩充至于至大至极之谓。以有此能扩充之知能，故能尽人之性，以尽物之性。盖学术愈发明，则社会科学、自然科学等之足以尽人性、尽物性者愈益进步。浅而喻之，电之为物，昔以为专属于天地之自然者，今则有人造之电矣。故曰：可以与天地参。

参　考

陈钟凡云：诚其性之德也。天地间一切见象，举凡鸢飞鱼跃，水流花放，无一非诚之表见。故曰："诚者物之终始，不诚无物。"盖人之本性即万物之本性，同出一原，初无二致。故"惟天下至诚，为能尽其性；能尽其性，则能尽人之性；能尽人之民生，则能尽物之性；能尽物之性，则可以赞天地之化育；可以赞天地之化育，则可以与天地参矣。"诚乃宇宙间绝对的本体，超乎时空关系，永久不变者。故曰："至诚如神，至诚不息，不息则久，久则征，征则悠远，修远则高明"，天地之道，析言之：博也、厚也、高也、明也、悠也、久也。合观之：可以一言尽，曰诚而已矣。

其次致曲，曲能有诚，诚则形，形则著，著则明，明则动，动则变，变则化，唯天下至诚，为能化。

柱按：致曲，谓以其一端之诚而扩充之也。能扩充其一端之本能，而使之全，则亦卒能至乎至诚之域。

参　　考

康有为云：其次通大贤以下之人。曲，一端也，致，推致也。形者发而露形。著者显而成体。明者光之注射。动者力之摩运。有光有力，物从而变，且万化而不知所极。诚之者但能充养此真实无妄之一点，则实有于己而为诚。既实有矣，则积中发外而为形。既发外矣，则轩豁呈露而为著。既显著矣，则发越光辉而为明。既有光力，则注射鼓荡而为动。既感动矣，则陶镕改易而为变。既变矣，则如造化而不知致曲可欲之善也。诚有诸己之信也。形著充实之美也。明动充实而有光辉之大也。变化大而化之之圣也。学者但患曲之不致，不患道之不成。如怀妊然，积微著而生人矣。如点电然，积微光明而照野矣。诚极则有不期然而自致者。但患无胎孕之始，则无从而化育，是不诚无物，亦终必亡而已。

马其昶云：次，次第也。致极中和，其次第必由于致曲。曲者性体发见之端，致即孟子所谓扩充也。

至诚之道，可以前知；国家将兴，必有祯祥；国家将亡，必有妖孽；见乎蓍龟，动乎四体。祸福将至，善必先知之；不善必先知之；故至诚如神。

柱按：《易》为卜筮之书，至孔子始以伦理说之，一扫向日迷信之积习，此云至诚前知，见乎蓍龟，又复袭古易迷信之思想矣。此儒家自孔子以后渐与神学混杂之枢纽，老子谓"前识者道之华而愚之始，"《中庸》此段，正与相反。

又按：诚为本能，凡生物之本能，不为物欲所乱，则极易于感通，如庄子所称鸥鸟能知人之有无机心是也。至诚者能扩充其本能，而又不为物欲所乱。故曰："至诚如神。"此文唯见乎蓍龟句，杂入迷信之说耳。

参　考

康有为云：前知，豫记后事也。祯祥者，福之兆；妖孽者，祸之萌。蓍所以筮，龟所以卜。四体谓容貌动作威仪之间。识记之说，灾祥之论，卜相之事，窈异恍惚，不尽可信。而前知之理，实有之；经史传记，繁不胜征。

诚者自诚也，而道自道也。诚者物之终始，不诚无物。是故君子诚之为贵。

柱按：诚者本能，孟子所谓良知良能者也。物有物之诚，人有人之诚，其纯本于天，而无一毫人欲之伪，故曰"诚者自诚也"，是所谓"天命之性"也。率此天命之性，而推行之，故"率性之谓道"，此所谓"道自道"也。物，犹事也。故曰："诚者物之终始。"向使无此本能，则生物与无生物等耳。

诚者非自成己而已也，所以成物也。成己仁也，成物知也，性之德也，合外内之道也，故时措之宜也。

柱按：生物之本能，唯在成己。惟人则不然，扩充之而至于成物。本能惟发于爱己之情，故曰成己仁也。本能扩充以后，知爱己必兼乎利人成物，则本能变而为知识矣。故曰成物知也。然则析而言之：诚者本能，诚之者知识。合而言之：则本能知识，均谓之诚。故曰："诚者性之德也。"

本能，内也；知识，外也。故曰："合外内之道也。"郑注：时措，言得其时而用也。

参　考

康有为云：此言德性合人己内外。盖道本诸身，有己然后有物。仁者无不爱，而先爱其身，身不能外物，有物然后有己。知者无不知，而必博乎物。孟子曰："万物皆备于我，反身而诚，乐莫大焉。"盖仁与智，皆吾性之德，则己与物皆性之体。物我一体，无彼此之界。天人同气，无内外之分。水之周于全地，电之遍于长空，无外则大而无尽，无内则小而无穷，贯彻圆融，不能离断；物即己而己即物，天即人而人即天；凡知之所及，即仁之所及，即我性道之所及；其知无界，其仁无界，其性亦无界。故诚者知此。以元元为己，以天天为身，以万物为体；故自群生之伦，无有痛痒之不知，无有痿痹之不仁；山河大地，皆吾遍现，翠竹黄花，皆我英华，遍满空虚，浑沦宙合；故轸匹夫之不被泽，念饥溺之在己，泽及草木，信孚豚鱼，皆以为成己故也。其次仅知人类之为己，则思济太平而援自立。又其次仅知国之为己，则思定社稷而安民生。又其次则知乡族之为己，则广睦恤而勘悖叙。又其下则知家之为己，则勤孝养而劳慈蓄。若此者各以知之大小，为仁之大小，则其性道之大小差焉。然能与国为体，以家为己，尽智竭力以为之，至死而毕焉，亦合内外之道也。虽所成者小，但己不能却外物为非己焉，惜其蔽于所知，不能推致之耳。若欲界断人物，屏限内外，但知为己，奉以为道，此则瞽者闭目不见青天，病者昏沉不知痛苦。其有但以修身寡过，为孔子之道者，则丧失其性者也。失性者谓之狂，缺体者谓之疴，何与于斯道乎？然道无人己，而措之有宜。当成己之时，则暗然退藏，潜龙勿用；当成物之时，则云行雨施，品物流形；卷舒自得，阖辟因时，虽冰炭相反，而各协时宜，此为时中之道也。

故至诚无息，不息则久，久则征，征则悠远，悠远则博厚，博厚则高明。博厚所以载物也；高明所以覆物也；悠久所以成物也。博厚配地；高明配天；悠久无疆。如此者，不见而章；不动而变；无为而成。

柱按： 至诚者扩充其本能，以至乎其极，而又不为物欲所乱。不失其本者也。能行之以不息，故能有博厚高明悠久诸德。此理想中之圣人也。以为学者之标准焉。

参　考

唐蔚芝师云：天下至要之功，莫如不息。世未有立心不久而可以成学问者，亦未有立心不久，而可以成行诣者。

康有为云：天行之健，自强不息，历古弥永，发扬弥昭，惟孔子以之。"博厚所以载物也，高明所以覆物也，悠久所以成物也"，此言孔子与天地同用；"博厚配地，高明配天，悠久无疆"，此言孔子与天地同体。

马其昶云：无欲常超于万物之表，高明也。仁以为己任，万物一体，博大也。通乎昼夜之道，而知一念万年，悠久也。

天地之道，可以一言而尽也。其为物不贰，则其生物不测。天地之道，博也，厚也，高也，明也，悠也，久也。今夫天，斯昭昭之多，及其无穷也，日月星辰系焉，万物覆焉。今夫地，一撮土之多，及其广厚，载华岳而不重，振河海而不泄，万物载焉。今夫山，一卷石之多，及其广大，草木生之，禽兽居之，宝藏兴焉。今夫水，一勺之多，及其不测，鼋鼍蛟龙鱼鳖生焉，货财殖焉。《诗》云："维天之命，于穆不已"，盖曰：天之所以为天也。"于乎不显，文王之德之纯"，盖曰：文王之所以为文也，纯亦不已。

柱按：此以天地之博厚高明悠久，以见圣人之诚，与天地同也。所以者何？则在于扩与积而已。故昭昭之多，亦天也，而不能系星辰，覆万物，必待扩而积之，以至无穷而后可。一撮土之多，亦地也，而不能载华岳，振河海，必待扩而积之，以至于广厚而后可。于是见圣人之诚，在乎扩充之不已而后可至于博厚高明与悠久也。

参　　考

康有为云：《诗·周颂·维天之命篇》，于，叹辞；穆，深远也；纯，《易》所谓"刚健中正，纯粹精也"，《论语》曰："文王既没，文不在兹乎？"《公羊》曰："王者孰谓？谓文王。"王氏愆期曰："文王，孔子也。"何氏休曰："盖孔子为拨乱改制之文王。"子思言其道纯美同天之悠久博厚高明而不能绝于后世也。

马其昶云：无穷者天也，即此昭昭之多者，亦天也。天地山川，其大无外，其小无内，偏端之与全体，一也。惟其不贰，故不测。

大哉！圣人之道，洋洋乎！发育万物，峻极于天！优优大哉！礼仪三百，威仪三千，待其人而后行。故曰：苟不至德，至道不凝焉。

柱按：郑注：育，生也；峻，高大也；言为政在人。政由礼也；凝，犹成也。

参　　考

朱熹云：礼仪，经礼也；威仪，曲礼也。

马其昶云：德即三达德，天命之性也。非三达德不能行五达道。

故君子尊德性而道问学，致广大而尽精微，极高明而道中庸，温故而知新，敦厚以崇礼。

柱按：德性犹本能也；学问所以扩充本能者也。二者本并重。而后之儒者，如孟子则会德性为多，荀子则重道问学为多矣，德性与问学，相反而相成；广大与精微，相反而相成；高明与中庸，相反而相成；温故与知新，相反而相成；敦厚与崇礼，亦相反而相成。吾国之学，向来多高谈德性，而所谓问学，亦不过词章训诂；而不知衣食住行，皆有问学也。既高谈性命，则动言天地同体，可谓广大矣，而不知注重于小微。至于为人，则又以无毁无誉为中庸，而不敢进于高明。温故而不求知新，崇礼而不求敦厚。故成为今日庸弱之民族。此学者所当矫而正之者也。

参　考

康有为云：温读如焐温之温。故，古也；敦，厚也；性有质性，有德性。德性者天生我明德之性，附气质之中，而昭灵不昧者也。粗者为和气，精者为神明。古称明德，后世称为义理之性，或言灵魂，或言性识，诸说之名不同，其发明此实则一也。尊者以奉持德性为主也。然人间世与接为掏，事理物理，无尽也。非假途问学，虽生知之圣，亦不能通其名物象数，况其他乎？故以问学为道路也。由此达彼，非由道路不能通至，故尊德性而不道问学，犹人终身整洁一室，而不览天下山川之美。若道问学而不尊德性，则终身彷徨道路，而绝无一日家室之安，且足迹不出户庭者，广厦之敷陈必俗；堂室之结构不奇，终身不归家室者，虽游览时或有欢，然而榛皇必嗟羁旅。故二者合之则双美，离之则两伤。此孔子之正道，子思所亲传，学者守此自不至惑于歧途也。既知尊德性，道问学之正轨，则德性患于褊狭，学问患于隘陋，故贵广大焉。德性则一体万物，学问则博极古今，庶几至广大矣。凡广大者每患粗疏，故德性则含元吐精，通微合漠；学问则精义入神，微妙难识；庶几尽精微矣。德性每患于卑污，学问亦苦于浊下，又贵高明焉。德性如青天苍苍，白日明明，学问如登峰造极，燃烛照犀，亦庶几极高明矣。凡人高明者每患偏奇，故德性则履中和之极，蹈规矩之常；学问则发人道之中，顺天理之正：庶几道中庸矣。然天人进化，无有穷尽，不可守旧以自安；凡已过之故迹，可温寻考验以证其得失；凡未著之新理，可深思力索，以知其变通。夫故者，大地千万年之陈迹，不温寻之则不知进化之由，虽欲维新而恐误；新者万物无穷尽之至理，不考知之，无以为进化之法，虽能胜古而亦愚。孔子甚爱古迹，尤好新法。法者其义相关，故戒守旧之愚害，而亦不可为灭古之卤莽也。若夫由德性问学而施之于行，则务本于仁，而敦加其厚，必崇夫礼而节之以文，此言孔子之圣，无所不备。庄子所谓"古之人其备乎，六通四辟，其运无乎不在"，不如诸子之蔽于耳目口鼻之限于方隅也。

是故君子居上不骄，为下不倍，国有道其言足以兴，国无道其默足以容。《诗》曰："既明且哲，以保其身"，其此之谓与？

柱按： 此申上文敦厚崇礼之义，能敦厚崇礼，则不骄不倍，而语默得其宜也。

参　考

马其昶云：此言圣人有至德要道，所以能尽其性。能尽其性乃能时措之宜，而保其身。

子曰：愚而好自用，贱而好自专，生乎今之世，反古之道。如此者灾及其身者也。

柱按：此可见儒家之学，并非完全复古。

参　考

康有为云：古今异宜，日新其道，今世当用今法，若远引神农之并耕，禹之土阶土簋，非徒不行，亦且招灾。此孔子改三世之制，开新王之法，以治后世，而子思引之，以攻时流守旧复古之徒也。

徐绍桢云：反当读"小人反中庸"之反，言愚自用，贱自专，乃至于乖背古道，故灾及其身也。

非天子不议礼，不制度，不考文。今天下，车同轨，书同文，行同伦。虽有其位，苟无其德，不敢作礼乐焉；虽有其德，苟无其位，亦不敢作礼乐焉。

柱按：此言当时诸侯多变乱旧章，而孔子有德无位，不能如周公相天子，作礼乐也。郑注："文书，名也。"

参　考

马其昶云：天子议之为礼。天下行之为例。《礼器》，"礼之大伦"，疏"伦，犹例也。"

子曰：吾说夏礼，杞不足征也；吾学殷礼，有宋存焉；吾学周礼，今用之，吾从周。

柱按：此法后王之说，荀卿之所自也。

参　　考

康有为云：孔子改制，必有所因，损益三代，而从周最多，取其近而易行也。周末诸子，皆改制，子华作华山之冠，以自表；墨子制三月之服，土阶茅茨，是也。墨子攻孔子曰："子之古非古也，法周未法夏也。"故知孔子改制，从夏殷少，而从周多。

王天下有三重焉，其寡过矣乎？

柱按：郑注："三重，三王之礼。"

参　　考

朱熹云：三重，吕氏谓议礼、制度、考文。国不异政，家不殊俗，而人得寡过矣。

上焉者虽善无征，无征不信，不信民不从；下焉者虽善不尊，不尊不信，不信民不从。

柱按：此谓上世之制度，虽有善者而年代已远，无征于民；近今之制度，亦有善者，而作者非圣，而民不尊之，斯所以当考诸三王而多从周也。郑注：上谓君也，君虽善，善无明征，则其善不信也；下谓臣也，臣虽善，善而不尊君，则其善亦不信也。征或为证。

参　　考

朱熹云：上谓夏商，下谓圣人不在尊位。

故君子之道，本诸身，征诸庶民，考诸三王而不缪，建诸天地而不悖，质诸鬼神而无疑，百世以俟圣人而不惑。质诸鬼神而无疑，知天也；百世以俟圣人而不惑，知人也。

柱按："本诸身，征诸庶民"，则人己之情得；"考诸三王而不缪"，则得失成败于古有征；"建诸天地而不悖"，言推于天下而皆可行也；"质诸鬼神而无疑，百世以俟圣人而不惑"，极言其当也。或曰：世岂有百世以俟圣人而不惑之道乎？曰：法度则无，而死欲求生，危欲求安，则今人之心，亦千万年之人心也，又何惑焉？

参　考

唐蔚芝师云：天行之理，千古不变，而人事则日新而月异，要各有穷变通久之理，皆后圣之责也。生斯世者，因时制宜而已。"世之相去也千有余岁，得志行乎中国，若合符节，其揆一也"，所以不疑而不惑也。

康有为云：君子，孔子也。孔子之道，民皆信从，盖有故矣。身者圣人之身也，既为人身，故衣服饮食宫室，即因人身而制之；器械声乐礼文，皆因人耳目口鼻四肢百体而制之；内自性情之微，外及衡度之粗，皆以身为之本。人身之宜，即人道之宜也。苟人身之牲情好恶有异，衡度之大小或变，则一切制度皆无所用。人身或如远畏妇人之萧察，身横九亩之长狄，则一切制度皆当改变矣。孔子之道，皆近取诸身，故能合乎人性，协乎人情，准乎人度，故可行也。然教主之姿禀，清明寡欲，实有与人绝殊者；或绝世出家，或辟谷练气，若遽以推及人，则民者冥也，愚智悬殊，好尚多反，反天下之心，天下不堪，离于天下，其去王也远矣。然孔子未敢信已也，必征诸庶民，考饮食男女之欲，审喜怒哀乐之情，然后顺而导之，藩而饰之，故议道自己，而法制以民，审定人情之顺逆，多因风俗之沿革，令人人可行，乃为大道也。三王之法，施诸民俗而安之者也，其制可补苴而益善，其意实考验而无乖，故孔子之道几经思兼三王，而损益之；顺时施令，因地制宜，则建诸天地而不悖也；明命鬼神，幽灵效顺，则质诸鬼神而无疑也。三十年为一世，三千年为百世，孔子发明据小康之制多，而大同之制少，盖委曲随时，出于拨乱也。孔子之时世尚多稚，如养婴儿者，不能遽待以成人，而骤离襁褓。据乱之制，孔子不得已也。然太平之法，大同之道，固预为灿陈，但生非其时，有志未逮耳。进化之理，有一定之轨道，不能超度；既至其时，自当变通；故三世之法，三统之道各异，苦衷可见，但在救时。孔子知三千年后，必有圣人复作，发挥大同之新教者。然必不能外升平太平之轨则，亦不疑夫拨乱小康之误也。拨乱升平太平，道皆相反，岂不疑于此是而彼非，致生疑惑，而生攻难乎？然并行不悖，各因其时，虽相反而相成，后圣心契道表，必无惑也。

是故君子动而世为天下道，行而世为天下法，言而世为天下则。远之则有望，近之则不厌。《诗》曰："在彼无恶，在此无射，庶几夙夜，以永终誉。"君子未有不如此，而蚤有誉于天下者也。

柱按：世大古通。郑云："射，厌也。"

参　考

马其昶云：此言圣王在上，制作礼乐，所以能尽人物之性。

仲尼祖述尧舜，宪章文武，上律天时，下袭水土。

柱按：郑注："此以《春秋》之义，说孔子之德。孔子曰：'吾志在

《春秋》，行在《孝经》。'二经固足以明之。孔子所述尧舜之道，而制《春秋》而断以文王武王之法度。《春秋传》曰：'君子曷为为《春秋》？拨乱世，反诸正，莫近《春秋》。其诸君子乐道尧舜之道，末不亦乐乎尧舜之知君子也。'又曰：'是子也，继文王之体守文王之法度，文王之法无求而求，故讥之也。'又曰：'王者孰谓？谓文王也。'此孔子兼包尧、舜、文、武之盛德，而著之《春秋》以俟后圣者也。律，述也，述天时谓编年四时具也。袭，因也，因水土，谓记诸夏之事山川之异。"

辟如天地之无不持载，无不覆帱；辟如四时之错行；如日月之代明；万物并育而不相害，道并行而不相悖；小德川流，大德敦化；此天地之所以为大也。

柱按：此盛赞孔子之道之大。郑注："帱亦覆也；小德川流，浸润萌芽，喻诸侯也；大德敦化，厚生万物，喻天子也。帱或作焘。"

参　考

朱熹云：小德全体之分。大德万殊之本。川流者如川之流，脉络分明，而往不息也。敦化，敦厚其化，根本盛大，而出无穷也。

马其昶云：孔子不必得位而能配天地，其德大也。

惟天下至圣，为能聪明睿知，足以有临也；宽裕温柔，足以有容也；发强刚毅，足以有执也；齐庄中正，足以有敬也；文理密察，足以有别也。

柱按：此言圣人之德，刚柔为用，而皆得其宜。郑注："言德不如此不可以君天下也。盖伤孔子有其德而无其命。"

参　　考

朱熹云：聪明睿知，生知之质。其下四者乃仁义礼知之德。

马其昶云：此言孔子能尽其性也。

溥博渊泉而时出之，溥博如天，渊泉如渊；见而民莫不敬，言而民莫不信，行而民莫不悦，是以声名洋溢乎中国，施及蛮貊，舟车所至，人力所通，天之所覆，地之所载，日月所照，霜露所坠，凡有血气者，莫不尊亲。故曰配天。

柱按：此言孔子之道，必能行于天下万世。郑注："如天取其运照不已也。如渊取其清深不测也。尊亲，尊而亲之。"

参　　考

孔颖达云：更申夫子蕴蓄圣德，俟时而出，日月所照之处，无不尊仰。

康有为云：言孔子之聪明睿知，如天之溥博，如泉之渊深，寥廓流行，无所不有，随其时而出之，以治世也。时当乱世，则出其拨乱之法；时当升平，则出其升平之法；时当太平，则出其太平之法；天覆无方，泉流无定，因时而已。

马其昶云：此言孔子能尽人物之性。

唯天下至诚，为能经纶天下之大经，立天下之大本，知天地之化育。

柱按：郑注："至诚，性至诚，谓孔子也。大经谓六艺，而指《春秋》

也。大本,《孝经》也。"

参　　考

马其昶云:化育天命之性也。姚永朴谓即《周易》是已。

夫焉有所倚?肫肫其仁,渊渊其渊,浩浩其天。苟不固聪明圣知达天德者其孰能知之?

柱按:渊喻其知之深,天喻其化之大。郑注:"言圣人乃能知圣人也。"柱谓上文言"凡有血气莫不尊亲"者,所谓匹夫匹妇可以与知也;此云"苟不固聪明睿知达天德者其孰能知之",所谓虽圣人亦有不知也。辞非矛盾。苟不固犹苟非实。

《诗》曰:"衣锦尚绉",恶其文之著也。故君子之道,暗然而日章;小人之道,的然而日亡。君子之道,淡而不厌,简而文,温而理,知远知近,知风之自,知微之显,可以入德矣。

柱按:郑注:"言君子深远难知,小人浅近易知。人所以不知孔子者,以其深远。禅为绉,锦衣之美,而君子以绉衣之,为其文章露见,似小人也。淡,其味似薄也。简而文,温而理,犹简而辨,直而温也。自谓所从来也。三知者皆言其睹末察本,探端知绪也。入德,人圣人之德。"

参　　考

朱熹云:前言圣人之德,极其盛矣。此复自下学立心之始言。下又推之以至其极也。"远之近",见于彼者由于此也。"风之自",著乎外者本乎内也。“微之显”，有诸内者形诸外也。

康有为云：今伪《毛诗·郑风》作“衣锦褧衣”，子思引作“衣锦尚絅”，疑鲁诗也。今亡。“君子暗然而日章”，言孔子不欲希世而道自行。“小人的然而日亡”言诸子急于媚时而道终灭也。盖孔子之道无权谋法术之近效以动人，淡矣，而人伦日用久而不厌；无谈天雕龙之辨以哗世，简矣，而改制立法备极殊文；无刑名督责以威世，温矣，而经世宰物，皆中理解；故不笔之于书，虽隐之口说，以传弟子，而待后世，其文不著，学者苦于不得其门而入；然因一端而贯通之，由近者可推而至于远，由风来可察而验所自，显者可发而识于微，则亦可入孔子之门，而知德矣。如知孔子之本仁，则拨乱之小仁可推至于太平之大仁，是知远知近；知孔子之神化，则阴阳之消息可推至变化之神明，是知微知显，其他皆可类推。

《诗》云：“潜虽伏矣，亦孔之昭”，故君子内省不疚，无恶于志。君子之所不可及者，其唯人之所不见乎？《诗》云：“相在尔室，尚不愧于屋漏。”

柱按：此犹篇首之慎独也。郑注：孔，甚也。言圣人虽隐居其德，亦甚明矣。相，视也，室西北隅谓之屋漏。

故君子不动而敬，不言而信，《诗》云：“奏假无言，时靡有争。”

柱按：“不动而敬，不言而信”与老子“无为之事，不言之教”有以异乎？曰：老子之言，谓为于人人之所欲为而如无为焉，教于人人之所欲教，而如不言焉。《中庸》之言，则有于中化于外，未言之时，已以身作则，而民有以知必然。如己身廉洁，将不待教令，而民多知重廉洁。否则己身贪劣，而日日以廉洁号召天下，又孰从而信之？郑注：“假，大也，此颂也，言奏大乐于宗庙之中，人皆肃敬，金声玉色，无有言者。"

参　　考

朱熹云：奏，进也，进而感格神明，极其诚敬，无有言说，而民自化。

是故君子不赏而民劝，不怒而民威于钺铖，《诗》云："不显惟德，百辟其刑之。"是故君子笃恭而天下平。

柱按：此皆修之于身之效也。苟不修之于身，虽赏而民不劝，虽加以钺铖而民不威矣。郑注："不显，言显也；辟，君也。"

《诗》云："予怀明德，不大声以色。"子曰：声色之于以化民，末也。《诗》曰："德辖如毛"，毛犹有伦，上天之载，无声无臭，至矣。

柱按：此言德之至微，而至大。以，犹与也。郑注："辖，轻也；易举而用，其轻如毛耳。伦，犹比也。载读曰栽，谓生物也。"

参　　考

朱熹云：《诗·皇矣篇》，引之以明上文所谓不显之德者，正以其大声与色也。又引孔子之言声色乃化民之末务。今但言不大则犹有生色者存。不若《烝民》诗所言德辖如毛，庶乎可以形容矣。而又自以为谓之毛则犹有可比者，不若《文王》诗所言"上天之载，无声无臭"然后乃为不显之至耳。

附：

中庸通义

　　天命之谓性，率性之谓道，修道之谓教。道也者，不可须臾离也，可离非道也，是故君子戒慎乎其所不见，恐惧乎其所不闻。莫见乎隐，莫显乎微，故君子必慎其独也。喜怒哀乐之未发，谓之中，发而皆中节，谓之和。中者，天下之大本也；和者，天下之达道也。致中和，天地位焉，万物育焉。

　　柱谨按：率，郑玄注："循也。"循其性之谓道，则以人性本善也。修，郑玄注："治也。"治其道之谓教，则物咸受其教化也。就其质而言之，则谓之性；就其体而言之，则谓之道；就其用而言之，则谓之教。戒慎恐惧，修道之工夫，所以率性也；位天地，育万物，修道之事业，所以广教也。礼运曰："人者具天地之德，五行之秀气也。"夫然故人性无不善，扩而充之，无不可以位天地，育万物者。故尚书曰："天工，人其代之"，礼运又曰："人者天地之心也。"然而天下之人有圣人，有贤人，有愚人，有小人，则又曷故哉？亦所修者异耳。修之时义大矣哉？修则道存，不修则道亡。道存则尽己之性，以尽人之性，尽人之性，以尽物之性，故其性存；道亡则贼物之性，以贼人之性，贼人之性，以贼己之性，（不道之人不爱物，即不爱人，即不爱己。）故其性亡。其性存故为圣为贤；其性亡故为禽为兽。是故人有须臾之修其道，则须臾而为贤圣，人有须臾之离其道，则须臾而为禽兽。尧舜周孔，须臾之积也；桀纣操莽，须臾之积也。牛山之木虽美，旦旦而伐之，不知其尽也；太山之石虽坚，滴滴而霤之，不知其穿也。故君子见显而修微，察见而慎隐。惧其去圣贤而趋于禽兽也。善乎近儒曾涤生之言也，曰："不为圣贤，便为禽兽。"夫圣贤与禽兽，其相去诚不可以道里计。然卒不容裴回踯躅于其间者，须臾易忽而易积也。嗟乎圣贤邪。禽兽邪。微乎微哉。吾闻夫历史学者之言曰：太古之民噩噩尔，后世圣人教之以仁义礼知。又闻夫人类学者之言曰：人类之始猿猴之所进化也。然则太古之民，其去禽兽也无几耳。唯有圣贤人焉，教之以修其道而尽其性，故卓然有以异于禽兽，而进为人？今世之人，其去禽兽也固已久矣，唯自离其道，而贼其性，故意然自居于小人，而将降为禽兽。圣人生乎千世之前，而逆知千世之后，必将有相率而为禽兽者，故教学者以率性修道。夫不率性则亡道，不修道则失性，二者一而二二而一者也。率性修道，莫先于养气，养气莫要于中和。庄子曰："人大喜邪毗于阳，大怒邪毗于阴，阴阳并毗，四时不至，寒暑之和不成。"此言喜怒哀乐不可以不中和也。然非夫中庸之道，恶足以语中和？

仲尼曰："君子中庸；小人反中庸。君子之中庸也，君子而时中；小人之反（各本无反字据王肃本增）中庸也，小人而无忌惮也。"子曰：中庸其至矣乎？民鲜能久矣。子曰：道之不行也，我知之矣，知者过之，愚者不及也。道之不明也，我知之矣，贤者过之，不肖者不及也。人莫不饮食也，鲜能知味也。

子曰：道其不行也夫？

子曰：舜其大知也与？舜好问，而好察迩言，隐恶而扬善，执其两端，用其中于民，其斯以为舜乎？

子曰：人皆曰予知，驱而纳诸罟获陷阱之中，而莫之知辟也；人皆曰予知，择乎中庸，而不能期月守也。

子曰：回之为人也，择乎中庸，得一善，则拳拳服膺而弗失之矣。

子曰：天下国家可均也，爵禄可辞也，白刃可蹈也，中庸不可能也。

柱谨按：中古文作。（见中爵）者象物平分对折之处也，故中有平义，又作中，（见颂敦）象旗之正也，故中有正义；又作中，说文云；下上通也，故中有通义。庸，说文云：用也，从庚用，用从中声，故用庸均有中义，惟中而后适于用也。故庄子齐物论云："庸也者用也，用也者通也，通也者得也。"惟用中而后可得于道也。故天地之道莫尚乎中。董子曰："阳之行始于北方之中，而止乎南方之中；阴之行始乎南方之中，而止乎北方之中。阴阳之道不同，至于盛而皆止于中，其所起皆必于中。"是天地用中之道也。圣人法天而行事，故圣人之道，亦莫尚乎中。故其于乾也，初九，九四，不及中者也，则或潜或跃，上九，九三，过乎中者也，则或悔或惕；九五九二，得乎中者也，则或蚩或见。是圣人用中之道也。唯圣人用夫中，故无往而不中夫道。是故以之处物则平，以之为己则正。既中且正，斯天下之情通矣。此虞舜所以执其两端而用其中于民者也。然中庸之道必大知而后可者，非夫中庸之难行也，知者过之，而愚者不及也；非夫中庸之难明也，贤者过之，而不肖者不及也。夫惟大知斯能以天下之知为知，能以天下之善为善，又乌有过不及之病哉？且夫，人为天地之心，而处乎三才之中，则夫天地之生人，固无不得其中者，而卒有过与不及者，则守之之道异耳。守之奈何？修道而已。君子守之，君子之时中也；小人反之，小人之无忌惮也。无忌惮者，自弃者也。天下之患，莫患乎自弃。故曰："天下国家可均也，爵禄费辞也，白刃可蹈也，中庸不可能也。"伤哉言乎，何为而不可哉？何为而不可哉？

子路问强？子曰：南方之强与？北方之强与。北方之强与？抑而强

与？宽柔以教，不报无道，南方之强也，君子居之；衽金革，死而不厌，北方之强也，而强者居之。故君子和而不流，强哉矫（强貌）中立而不倚，强哉矫。国有道不变色（或作塞）焉，强哉矫国无道，至死不变，强哉矫？

子曰：索隐行怪，后世有述焉，吾弗为之矣。

君子尊道而行，半途而废，吾弗能已矣矣。

君子依乎中庸，遁世不见知而不悔，唯圣者能之。

柱谨按：抑而强者，郑玄注"而之言女也，谓中国也。"余谓此乃指中庸之强而言。盖南方之强，不及强者也，北方之强，过乎强者也；过与不及，皆不得乎刚柔之中。左氏传曰："民受天地之中以生，所谓命也。"民受刚柔之中以为命，则性无不善，故曰："天命之谓性"也。能循其性而行，则无过与不及之患，故曰："率性之谓道"也。率性乎要莫人时中，故圣之道莫尚乎时中，惟时中而后可以得中庸也。故孔子之于象传也，言时者二十四卦，言中者三十卦。其其于象传，言时者六卦，言中者三十九卦，故曰？易者寡过之书，中庸之学也。圣人之道在乎中庸，是以南北之强，皆亡取焉也。虽然，宽柔以教，不报无道，徒以柔自居，此其道虽偏于柔，要亦不失为仁者，故曰君子居之：衽金革，死而不厌，务欲以刚胜人，此则行偏乎刚，常易流为残暴，故曰强者居之。若夫"和而不流"，则"嘉会足以合礼矣"；"中立而不倚"，则"利物足以和义"矣；"国有道不变色"，则"体仁足以长仁"矣；"国无道，至死不变"，则"贞固足以干事"矣。此易之四德，乃中庸之强也。夫然岂南北之强可得同日而语哉？若夫索隐行怪，以求后世之名，半途而废，自趋邪僻之路，斯又在南北强者之下矣。

柱又按：孔子言强，判乎南北，有旨哉其言之也。于是可以知风土之不同，其关于人之性情学术，殆如影响焉。汉翼少君有言曰"北方之情，好也，好行贪狼，东方之情，怒也，怒行阴贼，南方之情，恶也，恶行廉贞，西方之情喜也，喜也宽大，上方（北与东也）之情，乐也，乐行奸邪下方之情，哀也，哀行公正。"此虽古今地理之变迁，略有不同，然而大氐可知也。尝试而论之，北方风土严寒，故其人强盛，而其性亦刚烈，南方风土和暖，故其人柔弱，而其性亦温柔。惟其性情之不同，故古来学说每分二派。一曰北派，一曰南派。北派尚刚，南派尚柔。墨子者集北派之大成者也。老子者集南派之大成者也。北派为人世派，南派为出世派。北派尊君故为有政府党，南派尊己故为无政府党。（老子曰，圣人不死大盗不止，天地不仁，以百姓为刍狗。圣人即指君主而占。又曰，将欲治民，必先愚之，即指君主愚民之术。）盖惟其人世也，故欲借政府以救世，惟其出世也，故欲去政府以弃世。惟其救世也，而必与世反抗，然为政府之援，故能力行而无祸，故其道刚而益刚。惟其弃世也，虽无恶于世，然为政府之敌，故不能力行以遂志，故其道柔而益柔。夫然故北派主有为，南派主无为。有为莫如义，故墨子尚义，故耕柱篇载治徒娱县子硕问于墨子曰："为义孰为大务？"墨子曰："譬若筑墙然，能实坏者实坏。能欣者欣，然后成墙也。为义犹是也，能谈辩者谈辩，能说书者说书，能从事者从事，然后义成也。"《贵义篇》又曰："万事莫贵于义。今谓人曰：予冠履而断子之首足，子为之乎？必不为，何故？则冠履不若首足之贵。争一言以相杀，是义贵于身也。故曰万事莫贵于义也。"是所谓"衽金革死而不厌"者也。是"北方之强"也。无为之道则反乎是，故老子贱义尚柔。故其言曰"失道而后德，失德而后仁，失仁而后义。"又曰："大道废，有仁义。"又曰："知其雄，守其雌，为天下溪。"又曰："善战者不怒。"又曰："我以天下之至柔，驰骋天下之至刚。是所谓'宽柔以教，不报无道'者也。是南方之强也。"（宽柔以教，不报无道，佛学亦然，智论云，如菩萨本身曾为大力毒龙，若众生在前，身力弱者，眼视便死，身力强者，气嘘乃死，此龙受一日一夜戒出家求静，入于林树间，思惟坐久，疲怠而卧，龙法若睡形状如蛇，身有文章，七宝杂色，猎者见之，便惊喜言，如此希有难得之皮，献上国王，以为妆饰，不亦宜乎，便以杖按其头，以刀剥皮，龙自思惟，我力如意，倾覆此国，其如反掌，此人小物，岂能困我，今以持戒故，不计此身，当从佛语，于是自忍，瞑目不视，闭气绝息，怜愍此人，一心受剥，不生悔意，既失其皮，赤肉在地，时日大热，宛转土中，欲趣大水见诸小虫，来食其身，为护戒故，复不敢动，自思惟言，我今此身，以施诸虫，为佛道故，今以肉施，用充其身，后成佛时，当以法施，以益其心，如是誓已，身干命终，生□利天，尔时毒龙释迦文佛是，是时腊师，今调达等六师是也，诸小虫者，初转轮八方诸天得道者是，此佛之不报无道也，是与老学相近，然以德报怨，至死不悔，其行义之勇，又与墨学相近，是佛学诚可谓兼老学之长者也。）

若夫孔子则生于北方，本属北派，颇与墨子相同，故世皆称孔墨。然其问礼于老子叹其犹龙，是又调和乎南北派者也。故孔子之道莫尚乎中和，其删订六经，亦不外是而已。是孔子之学，固集南北之大成者也。然强者制人，柔弱者制于人，非夫大同之世，一切平等，则非刚强不足以自立，故孔子之道主刚强者为多。故曰："以直报怨，以德报德。"礼曰："兄弟之雠，不与共国；父母之雠，不共戴天。"鲁庄公释桓公之雠于齐，春秋讥之。此皆取乎刚强者也。此则地理使然，抑亦世运所不得不然者与？于戏地理之关系于学术也如彼，世运之关系于学术也如此，世之有教民治民之责者，其审所尚哉？

君子之道，费而隐，夫妇之愚，可以与知焉；及其至也，虽圣人亦有所不知焉。夫妇之不肖，可以能行焉；及其至也，虽圣人亦有所不能焉。天地之大也，人犹有所憾。故君子语大，天下莫能载焉；语小，天下莫能破焉。诗云："鸢飞戾天，鱼跃于渊"，言其上下察也。君子之道造端乎夫妇，及其至也，察乎天地。

柱谨按：君子之道谓中庸之道也。费者，明也，（楚辞招魂注费光貌）广也；（《荀子·劝学篇》也见其光刘台拱光广也）隐者细也，（广韵）匿也。（玉篇）天地位，万物育，此道之广而难能者，故圣人亦所不能。天命之谓性，性道之善，人之所同也，故孺子入井，莫不有之怵恻隐之心，父母之仇，莫不起不共戴天之念，此道之细而易行者，故匹妇匹夫之不肖可以能行。修道之谓教，教化之行，圣人之责也。然以孔子之德。不能使匡人之不围；孟子之贤，不能使臧仓之不毁。是道之匿而难明者，故圣人亦有所不知。虽然，圣人者能率性修道，故能以匹夫匹妇之所知所能，扩而充之以尽乎圣人之所不知不能。盖圣人者，以圣人责己，以众人责人。以圣人责己，故一人之饥，曰：我饥之也；一人之寒，曰：我寒之也。匹夫匹妇。有一不被尧舜之泽者，若己推而之沟中。此圣人之所憾也。以众人责人，故人之憾与不憾，圣人不之计也。于戏，中庸之道费矣，隐矣，造端乎夫妇，则其小者天下莫能破也，察乎天地，则其大者天下莫能载也。其大者含元气，其小者入无闲，其高者出苍天，其下者入黄泉，鸢之所蜚，鱼之所跃，物之所至，道之所至也。道之所至，圣人所当尽也。圣人之所当尽者俞伙，故其不知不能者亦愈伙。然则圣人之所不知不能，乃圣人之所不知大能与？今之自号为君子者，偶知一善，能一行，遂适适然自矜，以为天下之美为尽在己，而视天下若不足与，不知尽己以化人，而务绝人以尊己，而不知己之所知所能乃无异乎匹夫匹妇之愚不肖者，其自处亦卑矣哉！

子曰：道不远人，人之为道而远人，不可以为道。《诗》云："伐柯伐柯，其则不远"，执柯以伐柯，睨而视之，犹以为远，故君子以人治人，改而止。

忠恕违道不远，施诸己而勿愿，亦勿施诸人。

君子之道四，丘未能一焉，所求乎子，以事父，未能也；所求乎臣，以事君，未能也；所求乎弟，以事兄，未能也，所求乎朋友，先施之，未能也。

柱按：忠恕违道不远，言忠恕不违于道也。言不远者，盖与上文执柯以伐柯为比较，谓彼则近矣，尚可以为远，若夫忠恕之于道，则不可以为远也。此义甚明，而宋儒不知，遂以忠恕为不尽合于道，而又恐与《论语》曾子之言相反，（曾子曰，夫子之道忠恕而已。）遂有圣人忠恕，学者忠恕，天道忠恕，人道忠恕之说，支离穿凿，殊可哂笑也。夫忠从中从心，谓中于心也；恕从如从心，谓如其心也。人同此心，心同此理，是所谓良心也。忠恕者推其良心而行者也。人何莫有此良心？故曰：道不远人。而世之以道为远者，则自远于道耳，岂道之远于人哉。吾之有罪，莫不欲人宥也；吾之有功，莫不欲人赏也。跖之室被盗，而跖之心无不怒也；莽之子行弑，莽之心无不痛也。此跖莽之良心，与圣人同者也，跖莽之所以为跖莽者，则不能推其良心于人，而失其忠恕之心耳。唯圣人则不然，欲其子之孝于吾者何若，则不能不以之孝于其父；欲其臣之忠于吾者何若，则不能不以之忠于其君；欲其弟之弟于吾者何若，则不能不以之弟于其兄；欲其友之施于吾者何若，则不能不以之先施于其友。是故以之为子则孝，以之为臣则忠，以之为弟则弟，以之为友则义。孝弟忠义，岂违于道也哉。《大学》曰，所恶于上，毋以使下；所恶于下，毋以事上；所恶于前毋以先后；所恶于后，毋以从前；所恶于右，毋以交于左；所恶于左，毋以交于右；此之谓絜矩之道。是忠恕之要道也。然质而言之，忠恕之道，以圣人治己，以众人治人。以圣人治己，故治己也严，而修身之道立；以众人治人，故治人也宽，而爱人之道著，不佞斯言，所以俟圣人而不惑也。

庸德之行，庸言之谨，有所不足，不敢不勉，有余不敢尽，言顾行，行顾言，君子胡不慥慥尔？

柱谨按：《庄子·齐物论篇》释庸字云："庸也者用也，用也者通也，通也者得也。"云"庸德庸言"谓于用世而无不通，无不得者也。父慈，子孝，兄友，弟恭，行之于身则为庸德，宣之于口则为庸言。然德虽庸，行之于身而易忽；言虽庸，告之于人而易夸。忽，故于德也常不足；夸，故于言也常有余。世之小人，不知求诸己，而常欲求诸人；不知求诸己，故亏德而不自知；常欲求诸人，故多言以欺世。是以言俞有余，而德俞不足。君子则反是，知夫言之易为也，是以谨之而不敢尽，盖，"耻躬之不逮"也；知夫德之难尽也，是以勉之而惟恐其不足，故，"戒慎乎其所不见，恐惧乎其所不闻"也。是言弥弥谨而德弥宏。故曰："言顾行，行顾言，君子胡不慥慥尔"。慥慥者，盖言乎其言行相应也。善夫荀子之言曰："君子之学，入乎耳，著乎心，布乎四体，形乎动静，端而言，轻而动，一可以为法则；小人之学也，入乎耳，出乎口，口耳之间则四寸耳，曷足以美七尺之躯哉？古之学者为己；今之学者为人。君子之学也以美其身；小人之学也以为禽犊"。然则君子小人之判，固在乎力行，而不在乎多言矣。世之能言而不能行者，其亦知所愧夫？呜呼其慎勿为禽犊哉？

君子素其位而行，不顾乎其外，素富贵，行乎富贵，素贫贱，行乎贫贱，素夷狄，行乎夷狄，素患难，行乎患难，君子无入而不自得焉。

在上位，不陵下；在下位，不援上，正己而不求于人，则无怨。上不怨天下不尤人。故君子居易以俟命，小人行险以徼幸。

子曰：射有似乎君子，失诸正鹄，反求诸其身。

柱谨按：素，乡也，素其位而行者，乡其位而行其道也。不顾乎其外者，不问乎其外之得失也。蓝田吕氏大临之言，吾有取焉矣。其言曰："达则兼善天下，得志则泽加于民素，富贵行乎富贵"者也，不骄不淫，不足以道之也；"穷则独善其身，不得志则修身见于世"，"素贫贱行乎贫贱"者也，不谄不慑，不足以道之也；"言忠信，行笃敬，虽蛮貊之邦行矣"，"素夷狄行乎夷狄"者也。"文王内文明而外柔顺，以蒙大难，箕子内难而能正其志"，"素患难行乎患难"者也。"爱人不亲反其仁，治人不治反其智"，此"在上位所以不陵下"也。"彼以其富，我以吾仁，彼以其爵，我以吾义，吾何慊乎哉"，此"在下位所以不援上"也。陵下不从则罪其下，援上不得则非其上，是所谓尤人者也。庸德之行，庸言之谨居易者也。国有道不变塞，国无道至死不变，心逸目休，行其所无事，如子从父命，无所往而不受，俟命者也。若夫行险以徼一毫之幸，得之则贪为己力，不得则不能反躬，是所谓怨天者也。故君子正己而不求于人，如射而已。射之不中，由吾巧之不至也。故失诸正鹄者，未有不反求诸身。如君子之治己，行有不得，亦反求诸身，则德之不进，岂吾忧哉？善哉其言之也。惟今之人，不知素位：方其贫贱，则谄媚奸求，无所不至；及其富贵，则骄奢淫逸，无所不为；甚者耦出国门，耳食外教，遂欲用夷变夏，可耻孰甚哉？

君子之道，辟如行远，必自迩；辟如登高，必自卑；诗云："妻子好合，如鼓瑟琴，兄弟既翕，和乐且耽，宜尔室家，乐尔妻帑。"子曰：父母其顺矣乎？

柱谨按：迩者远之本也，卑者高之本也，父母者人之本也，行远道者本诸迩，登高山者本诸卑，尽人道者本乎孝。孝之本在乎和。是以孔子读诗，至妻子好合一章，而系之曰："父母其顺矣乎"，盖言能致家庭之和气，而后乃可孝顺其父母也。故《孝经》曰：治家者不敢失于臣妾，况妻子乎？故得人之欢心以事其亲。"引而推之，亦曰：治家者不敢失于邻人，况兄弟乎？故得人欢心以事其亲。夫事亲莫如顺亲，顺亲莫如敬亲。妻者亲之主也，故敬亲者不敢不敬其妻。子者亲之后也，故敬亲者不敢不敬其子。兄弟及身，亲之枝也，故敬亲者不敢不敬其兄弟（用《哀公问篇》义）阶此而推，人之有亲，犹吾之有亲也，敬吾亲斯不敢不敬人之亲，惧人之以不敬及吾亲也。敬人之亲，斯不敢不敬人之妻子兄弟，盖人之亲之于吾妻子兄弟，犹吾亲之于吾妻子兄弟也。是天之所覆，地之所载，莫不在于爱敬之中，莫不本乎顺亲之道。扬雄有言："孝莫大于宁亲，宁亲莫大于宁神，甯神莫大于四表之驭心，谓得四表之驭心，莫不本乎孝顺之道也。知言哉，知言哉！晚近以来，圣学队绪，人伦不明，世之不顺其父母，不和其兄弟，不合其妻子者，伙矣，而栩栩然曰：我有以治天下，教国人，不亦妄哉？此之谓失其本心。其或有衰父母之孝，离兄弟之亲，以迎合妻子者，非能好合也。逆乎孝道，贼乎和气，不祥莫大焉。

子曰：鬼神之为德，其盛矣乎？视之而不见，听之而不闻，体物而不可遗。使天下之人，齐明盛服，以承祭祀，洋洋乎如在其上，如在其左右。诗曰：神之格思，不可度思，矧可射思。夫微之显，诚之不可揜，如此夫！

柱谨按：鬼神之事，幽玄茫渺，不可以迹象求，尚非今日之学者所能断其有无也。然则孰为近？曰：有鬼神之说为近。欲明有鬼神之说为近，则必先宜明天地之有无始。老子曰："有物混成，先天地生。"河图括地象曰：易有太极，是生两仪；两仪未分，其气混沌；清浊既分，伏者为天，偃者为地。（河图括地象云，天左起旋于牵牛，地右动起于毕；尚书考灵曜曰，地恒动而人不知，譬如人坐大舟中，舟行而人不觉；列子云，运转无已，天地密移。地动之说，古人早已知之，亦可见中国古来天文学非尽不确。）是古人已知天地为有始矣。不第古人也，近世犹然。刚德（Kant）及辣伯拉思（Raplace）者，天文学家也咸谓太初之时，只有元质，细如烟雾弥满空中，弗知其几兆兆里，是今人亦认天地为有始矣。天地有始，则万物亦必有始，而为之创造，丑妍顽灵。非无意于其间，犹大冶之于剑，铦顿刚柔，惟所欲铸也。《礼运》曰："人者天地之心也。"董子《春秋繁露》曰："善善恶恶，好荣增辱，非人能自生，此天地之在人者也。"又曰："天地之生万物也，以养人，故其可食者以养身体，其可威者以为容服。"与西教《创世记》言："上帝按己形貌以造人，使之管辖万类，统理全地"，其说相符。皆以为人物之生，莫不有造物为之主者也。此造物者，即孔子所谓体物之鬼神也。故天文学者言：浑天有十重：一曰月轮天，二曰水星天，三曰金星天，四曰日轮天，五曰火星天，六曰木星天，七曰土星天，八曰恒星天，九曰宗动天，十曰永静天。永静天者，天神之所居也。其言虽似荒唐玄妙，不可效验，难以尽信。然亦惟荒唐玄妙，不可效验，故谓之神。不然可以仪器推验，人意指挥，则鬼神将与牛羊土木等耳。安在其为鬼神哉？而斯宾塞（spencer）海格尔（Heeckel）之徒以为鬼神无验，遂谓天下无神，以谓万物之生，初惟元质，次变为土，次变为石，次变为草，次变为桃李，为禽兽，变至人而后止。海氏且谓自元质以至变人凡二十二变，以为诸类之生，悉本乎原质之力；万物之别亦皆本乎天演之变，而无所神者。此其说虽持之有故，言之成理，然而生此元质者谁乎？主此变化者谁乎？则谓无造物不可得也，谓无鬼神不可得也。孔子曰："鬼神之为德，其盛矣乎，视之而不见，听之而不闻。体物而不可遗"，其兹之云乎？故古圣人之以神道而设教。所谓宗教也。世之可以为宗教者有五：曰孔，曰墨，曰老，曰佛，曰耶，皆弗能外也乎神道。盖所以道民宗于善，为善知劝，为恶知畏，孔子所谓"使民齐明盛服，以承祭祀，洋洋乎如在其上，如在其左右"，所以禁民为恶于隐微之处者也。而墨子亦谓"天地之乱繇于不明鬼神之能赏贤而罚暴"，此圣人以神道设教之意，盖已昭然若揭日月而行矣。则宗教何负于人哉？且夫天地之大，万民之众，古今之久，而足以为宗教者五。然老子过于柔弱，其强梁不足以为教父；墨子非乐，而适与明鬼相消。故二氏之教，皆不足以大行乎天下，而今日之巍然鼎立于世界者，则孔，耶，佛，三教而已。夫天下宗教三，而神州有其一，斯非神州之光邪？故数千年以来，虽有朝代之兴亡，夷狄之入主，然而伦常之化，廉耻之风，赖以不险者，此不可谓非孔教之力也。然则吾国之人，宜如何崇拜之，而扩张之邪？乃不此之图，而反听东夷嫉忌之言，信外教排异之说，遂以孔子距子路间事鬼神之语，不语怪力乱神之说，谓孔子不得与于宗教之列，夫岂不妄哉？夫孔子之学具乎六经。今考诸六经，易言鬼神吉凶，诗、书称上帝，春秋著灾异，乐言率神，礼言居鬼，是为言鬼神乎？不言鬼神乎？今不通六经之指，而妄以一端论圣人，亦多见其不知量也。呜呼方今之世，机械日明，道德日亏，杀戮之事，倍乎雾日，而吾国趣时之士，不原厥本，乃欲举数千年来之宗教一旦而敝屣之。斯真人道之大患也。仆也不佞，敢告于非宗教者曰：宗教者人群之爱力，所以葆其道德心者也。无宗教则道德丧而爱力离，宗教不可去也。吾又敬告于攻孔教者曰：孔教者，神州之国魂，所以维其爱国心者也。废孔教则其爱国心涣而国魂亡，孔教秒可废也。若夫鬼神之有无，则请俟异日而决。然而居今之世则舍是无以治国家。

子曰：舜其大孝者与？德为圣人，尊为天子，富有四海之内，宗朝飨之，子孙保之。故大德必得其位，必得其禄，必得其名，必得其寿。故天之生物，必因其材而笃焉。故栽者培之，倾者覆之。诗云："嘉乐君子，宪宪令德，宜民宜人，受禄于天保佑命之，自天申之"故大德必受命。

柱谨按：读此章则孔子以神道设教，益可知矣。古之圣人皆以神道设教者也。有以天神设教者，故称天皇氏；有以地神设教者，故称地皇氏；有以人神设教者，故称人皇氏；夏尚忠，忠法人，亦以人神设教者也；周尚文，文法天，亦以天神设教也；（义见《白虎·通德论》）此古代之宗教也。若孔子则集古宗教之大成者也。故其道通天地人，其言"一贯三为王。"董子曰："三者天地人也，而参通之者王也。"（《春秋繁露·王道通篇》）此言能参通天地人之神道者，则可以受命而王也。然而孔子之教，莫重乎孝者，董子曰："天地人，万物之本也。天生之，地养之，人成之。天生之以孝弟，地养之以衣食，人成之以礼乐。"（《春秋繁露·立元神篇》）夫天生以孝弟，则能孝于父母而后能事天地也。故曰："夫孝天之经也，地之义也"，能事天地，则天锡之福，故人之大德，莫大于孝。能大孝者则"必得其位，必得

其禄，必得其名，必得其寿。"《易》曰："作善降之百祥，作不善降之百
殃。"故"栽者培之"，所以降祥也；倾者覆之，所降殃也。"虽然，天道
冥渺，不可测知。故曰："生死有命，富贵在天"，是以颜回不必寿，盗跖
不必夭。伯夷修名而饥死，孔子大德而匹夫，天命岂可必哉？然可必者道
之常，不可必者时之变。孔子道其常者，欲以祸福劝善也，不可言其变
者，不欲以祸福自沮也。故贤者不惑于鬼，而不省者有所畏乎神。呜呼，
此孔子所以为大宗教家与？此孔子所以为大圣人欤？

子曰：无忧者，其惟文王乎？以王季为父，以武王为子，父作之子
述之。

武王缵太王王季文王之绪，壹戎衣，而有天下，身不失天下之显名，
尊为天子，一富有四海之内，宗庙飨之，子孙保之。

武王末受命，周公成文武之德，追王太王王季，上祀先公以天子之
礼。斯礼也，达乎诸侯大夫，及士庶人。父为大夫，子为士；葬以大夫，
祭士；父为士，子为大夫；葬以士，祭以大夫；期年之丧，达乎大夫；三
年之丧，达乎天子；父母之丧，无贵贱一也。

柱按：此言武王周公之孝也。武王能缵文王之绪，以有天下；周公能
成文武之德，以追王太王，王季，此所谓善继善述者也。先公者组绀以
上，至后稷也。父为大夫，子为士，葬以大夫，祭以士；父为士，子为大
夫，葬以士，祭以大夫；谓葬从死者之爵，祭从生者之禄也。达乎诸侯大
夫，及士庶人者，自上而达下者也。丧服自期以下，诸侯绝，大夫降，父
母之丧则上下同之，子之事父母亡所用其尊卑也。达乎大夫，达乎天子
者，自下而达上者。

子曰：武王周公其达孝矣乎？夫孝者，善继人之志，善述人之事者

也。春秋修其祖庙，陈其宗器，设其裳衣，荐其时食。宗庙之礼，所以序昭穆也；序爵所以辨贵贱也；序事所以辨贤也；旅酬下为上，所以逮贱也；燕毛所以序齿也。践其位，行其礼，奏其乐，敬其所尊，爱其所亲，事死如事生，事亡如事存，孝之至也。

柱谨按：郑玄注："修，谓扫粪也。宗器，祭器也。裳衣，先祖之遗衣服也。时食，四时祭者序次也。爵，谓公卿大夫士也。事，谓荐羞也。《文王·世子》曰：宗庙之中以爵其位崇德也。宗人受事以官尊贤也。旅酬下为上者，谓若特性馈食之礼，宾弟子兄弟之子各举觯于其长也。逮贱者宗庙之中，以有事为荣也。燕谓既祭而燕也。燕以发色为坐。祭时尊尊也。至燕亲亲也。"

郊社之礼，所以事上帝也；宗庙之礼，所以祀乎其先也。明乎郊社之礼，禘尝之义，治国其如示诸掌乎？

柱谨按：郊，祭天神也。社，祭地神也。禘，祭宗庙之神也。言事上帝而不言事后土者，上帝最尊，言事上帝，则可兼后土，且文便也。春祭曰祠，（以正月始迪菲也）夏曰约，（以四月食麦也）秋曰尝，（以七月尝黍稷也）冬曰蒸，（以十月进初稻也）此四时之祭也。单言尝者省文。治国之道，莫大乎礼。行礼之本，莫大于敬天地矣。谓之明者，非徒循其节文也，明鬼神之德，无所不知，洋洋乎如在其上，如其左右，而不敢须臾之离乎道。不敢须臾离乎道，则正己而正人，治国何难哉？曰如示诸掌，盖言乎其易也。柱又按：王者之祭莫重于郊天。故春秋之义，国有大丧者，止宗庙之祭，而不止郊祭。（《春秋繁露·郊祭篇》语）百神之祭不卜，而郊独卜。（《春秋繁露·郊礼篇》语）故曰：天者百神君也。王者之所最尊也。（《春秋繁露·郊义篇》语）王者曷为独尊于天？尊民也？何言乎尊民？人者天地之心也。天为民以立君，尊天所以尊民也。故春秋置王于春之下，诎王以倡天，即抑君以尊民也，其旨亦微矣哉！爰附论于此，以告世之议孔子者。

哀公问政，子曰：文武之政，布在方策。其人存，则其政举；其人亡，则其政息。人道敏政，地道敏树。夫政也者，蒲卢也。故为政在人，取人以身，修身以道，修道以仁。仁者人也，亲亲为大。义者宜也，尊贤为大。亲亲之杀，尊贤之等，礼所生也。（此下有"在下位不获乎上民不可得而治矣"十四字，郑氏曰属在下著脱语重此，今据删之。）故君子不可以不修身，思修身不可以不事亲，思事亲不可以不知人，思知人不可以不知天。天下之达道五，所以行之者三曰：君臣也，父子也，夫妇也，昆弟也，朋友之交也，五者天下之达道也。知，仁，勇，三者天下之达德也。所以行之者一也。或生而知之，或学而知之，或困而知之，及其知之一也，或安而行之，或利而行之，或勉强而行之，及其成功一也。（此下有"子曰"衍文也，今删）好学近乎知，力行近乎仁，知耻近勇。知斯三者则所知以修身，知所以修身则知所以治人，知所以治人则知所以治天下国家矣。凡为天下国家有九经，曰：修身也，尊贤也，亲亲也，敬大臣也，体群臣也，子庶民也，来百工也，柔远人也，怀诸侯也。修身则道立，尊贤则不惑，亲亲则诸父昆弟不怨，敬大臣则不眩，体群臣则士之报礼重，子庶民则百姓劝，来百工则财用足，柔远人则四方归之，怀诸侯则天下畏之。齐明盛服，非礼不动所以修身也；去谗远色，贱货而贵德，所以劝贤也；尊其位，重其禄，同其好恶，所以劝亲亲也；官盛任使，所以劝大臣也；忠信重禄，所以劝士也；时使薄敛，所以劝百姓也；日省月试，既禀称事，所以劝百工也；送往迎来，嘉善而矜不能，所以柔远人也；继绝世，举废国，治乱持危，朝聘以时，往而薄来，所以怀诸侯也。凡为天下国家有九经，所以行之者一也。凡事豫则立，不豫则废。言前定则不跲，事前定则不困，行前定则不疚，道前定则不穷。在下位不获乎上，民不得而治矣。获乎上有道，不信乎朋友，不获乎上矣。信乎朋友有道，不顺乎亲，不信乎朋友矣。顺乎亲有道，反诸身不诚，不顺乎亲矣。诚身有道，不明乎善，不诚乎身矣。诚者天之道也，诚之者人之道也。诚者不勉而中，不思而得，从容中道，圣人也。诚之者，择善而固执之者也。博学之，审问之，慎思之，明辨之，笃行之。有弗学，学之弗能弗措也；有弗问，问之弗知弗措也；有弗思，思之弗得弗措也；有弗辨，辨之弗明弗措也；有弗行，行之弗笃弗措也。人一能之，己百之；人十能之，己千之。果能此道矣，虽愚必明，虽柔必强。

　　柱按：道之大原出于天，(董子对策语) 天一日不亡，道亦一日不亡，然而殷纣以灭，文武以兴者，繇与不繇也。文武之政，布在方策，方策一日不亡，文武之政亦一日不亡。然而幽厉以衰，宣王以兴者，举与不举也。世之为政者，苟非大无道之人，孰不顾其国之安且治哉？然欲安而常危，欲治而常乱者，何也？任非其人也。夫一年之计，莫如树谷，十年之计，莫如树木，百年之计，莫如树人，(管子语) 今农夫莫不知树其谷，殖者莫不知其木，而为政独不思树其人，不亦惑哉？且夫人君莫不欲其臣之忠，而所谓忠者不忠，莫不欲其臣之贤，而所谓贤者不贤，(惟秦二世不然) 何也？则身之不修也。孔子曰"君子之德风，小人之德草，草上之风必偃。"董子曰："上之化下，下之从上，犹泥之在钧，唯甄者之所为，犹金之在镕，唯冶者之所铸。"今身之不修，是率天下以邪也，虽欲忠，谁为忠哉？虽欲贤，谁为贤哉？人故曰："为政在人"，取人以身，修身以道。夫道者泛而言者也。切而言之，则为仁。仁者人也，位于果实之中者谓之人，(果仁字宋元以前本草方书皆作人，自明成化重刊本草乃尽改作仁。段玉裁说。) 位于天地之中者亦谓人，则人者固与天地同体者也。修身者修天地之道，以合乎天地之体者也。天地之道，诚而已。人之修身亦诚而已。故曰："诚者天之道也。诚之者人之道也。"自非天纵之圣，寡能得天地之全，通神明之意，则人欲之私，外物之染。不能无累于心，而为圣为禽，将有毫厘，千里之缪。君子知其然也，故赋性虽有不同，而择善固执，夙夜匪懈，及其至于诚则一而已。好学力行知耻，则可以择善固执矣。然三者之中，知耻其尤要者也。达而在上，德不及尧舜，吾之耻也；穷而在下，道不及孔孟，吾之耻也。夫然，故人一己百，人十己千，至诚之道立，修身之功成；所谓，正心以正朝廷，以朝廷官正百官，正百官以正万民，正万民以正四方，四方正，远近莫敢不一于正，而无有邪气奸其间，阴阳调民而风雨时，群生和而万民殖，天地之间被润而大丰美，四海之内，闻盛德而皆徕臣矣。"（董子对策语）政奚足为哉？吾故曰：万事皆以诚为本，至诚以知耻为本。

自诚明为之性，自明诚谓之教。诚则明矣，明则诚矣，唯天下至诚，为能尽其性，能尽其性，则能尽人之性，能尽人之性，则能尽物之性，能尽物之性，则可以赞天地之化育，可以赞天地之化育，则可以与天地参矣。其次致曲，（一曲不全也）曲能有诚，诚则形，形则著，著则名，名则动，动则变，变则化，唯天下至诚为能化。至诚之道，可以前知，国家将兴，必有祯祥；国家将亡，必有妖孽；见乎蓍龟，动乎四体，祸福将至，善必先知之，不善必先知之，故至诚如神。诚也自成也，而道自道也。诚者物之终始，不诚无物。是故君子诚之为贵。诚者非自成己而已也，所以成物也。成己仁也，成物知也，性之德也，合内外之道也，故时措之宜也。故至成无息，不息则久，久则征，征则悠远，悠远则博厚，博厚则高明，博厚，所以载物也；高明，所以覆物也；悠久，所以成物也。博厚配地，高明配天，悠久无疆。如此者，不见而章，不动而变，无为而成。天地之道，可一言而尽也，其为物不贰，则其生物不测。天地之道，博也，厚也，高也，明也，悠也，久也，今夫天，斯昭昭之多，及其无穷也，日月星辰系焉，万物覆焉。今夫地，一撮土之多，及其广大，载华岳而不重，振河海而不泄，万物载焉。今夫山，一卷石之多，及其广大，草木生之，禽兽居之，宝藏兴焉。今夫水，一勺之多，及其不测，鼋鼍蛟龙鱼鳖生焉，货财殖焉。诗云："惟天之命于穆不已"，盖曰天之所以为天也。"于乎不显，文王之德之纯"，盖曰文王之所以为文也，纯亦不已。

柱谨按：董子《春秋繁露》曰："为生不能为人，为人者天也。人之人本于天，天亦人之曾祖父母也。人之形体，化天数而成；人之血气，化天志而仁；人之德行，化天理而义；人之好恶，化天之暖清；人之喜怒，化天之寒暑。"（《为人者天篇》语）又曰："身犹天也，数与之相参，故命与之相连也。天以终岁成人之身，故小节三百六十六，副日数也；大节十二分，副月数也；内有五脏，副五行数也；外有四肢，副四时数也；乍视乍暝，副昼夜也；乍刚乍柔，副冬夏也；乍哀乍乐，副阴阳也；心有计虑，副度数也；行有伦理，副天地也。"然则人者其天之子乎？天者其人之父乎？父之施于子本无所不均，而卒有多寡者视其人之能葆与不耳。（天之生人其性本善，其不善者，惟其习之异耳。有恶者，其父母或先人或母之先人之染也。彼孟荀杨韩之论性皆未及此。）岂施之有厚薄哉？且夫天地之道，诚而已。故天之施于人者，亦诚而已。惟圣人能葆其天施之全，故自诚而明，不教而善。下乎此者，则或得其太半，或得其一曲，故或待明而诚，或待变而诚，及其归于至诚一也。至诚者天之道也。能至诚则血气与天同仁，德行与大同义，好恶通乎暖清，喜怒通乎寒暑，则吾身盖俨然一天地矣。故曰："可以与天地参。"圣人者与天地参者也。国家之祯祥，莫大于圣人；国家之妖孽，莫大于人兽。人兽者，人而兽者也。人而兽者，不诚于中者也。逆天志，丧天理，天必诛其心而夺之形。故为之亡其国家，以灭其种族。呜呼吾言至此，吾不禁泣下交颐，而痛吾国家之亡无日，吾种族之亡无日矣。上怀操莽之心下多跖跻之行；人无不易之志，士无坚定之操；暮四朝三，狙诈相尚；朝秦暮楚，权术相倾；呜呼痛哉，不诚之极，一至于此乎？夫诚者一也，"一中谓之忠，二中谓之患天。"（说见《春秋繁露·天道无二篇》）下之大患，患莫于不忠。不忠则上下欺诈，行险徼幸，忽彼忽此，唯富贵权势是视，而无悠久不息之功。故国无定政，民无定教，纷纭颠到，不至于灭亡不止也。当今之世，党有欲图自存之道者乎？请自至诚始。至吾之诚裁之培之，教之育之，则天下无有不诚者矣。夫然，故祯祥见而妖孽灭，国不期兴而自兴矣。《中庸》曰："天地之道，可一言而尽。"吾亦曰：治国之道，可一言而尽。一言者何，曰诚。

大哉圣人之道，洋洋乎发育万物，峻极于天。优优大哉，礼仪三百，威仪三千，待其人而后行。故曰：苟不至德，至道不凝焉，故君子尊德性而道问学，致广大而尽精微，极高明而道中庸，温故而知新，敦厚以崇礼。是故居上不骄，为下不背，国有道其言足以兴，国无道其默足以容。诗曰："既明且哲，以保其身"，其此谓与？

柱谨按：圣人之道，中庸之道也，中庸之道至诚之道也。其形而在上者，则"发育万物，峻极于天"；其形而在下者，则礼仪三百，威仪三千是也。虽然诚者在天，诚之者在人。自非大圣至德，则至诚之道，有不能致者。故君子尊其在天者之德性，而道其在人者之学问。致广大而尽精微，极高明而道中庸，温故而知新，敦厚以道崇礼，所以道问学也。夫然则至德臻而至道凝矣，国有道则达而在上，言足以兴国，而无骄矜之心；国无道，则穷而在下默足以容身，而无倍乱之行；所谓"明哲保身"者也。若夫身居民上，默然取容，偶临大难，自思苟免，此则无耻之尤，岂可与明哲保身者同日而语哉？

子曰：愚而好自用，贱而好自专，生乎今之世，反乎古之道，如此者灾必及其身。

非天子不议礼，不制度，不考文。今天下车同轨，书同文，行同伦。虽有其位，苟无其德，不敢作礼乐焉；虽有其德，苟无其位，不敢作礼乐焉。

　　柱谨按：愚而好自用者，无其德者也；贱而好自专者，无其位者也。反古之道者，谓复古之礼乐法度文书也。此道字指礼乐法度等而言，非指古圣人之道而言也。仲尼祖述尧舜，宪章文武，何尝不复古圣人之道哉？此学者所不当以辞害意者也。然古圣之道虽当复，而古代之礼乐法度等则或有不可复。盖礼乐法度等随时变者也。然亦必归于统一而后政教可施也。春秋之世，周道既微，列国之君，必有变乱制作，各自立异者（史称秦并天下，统一车书，则七国之时，必车书多异，盖权与于春秋之世矣，非必始于战国也，）孔子盖惧礼乐之崩坏，文书之乖异，故明而告之曰：有天子之位，而无其德者尚不敢制作，况无其位，无其德者乎？今天下车同轨，书同文，行同伦，循而行之，足矣。既非天子之位，无圣人之德，何为而制作哉？既而自知其言之必不用也不忍天下之纷乱崩裂，而自伤其贱而在下，不能统一，故制作六经，以待后世而已。

　　子曰：吾说夏礼，杞不足征也；吾学殷礼，有宋存焉；吾学周礼，今用之，吾从周。

　　王天下有三重焉，其寡过矣乎？上焉者虽善无征，无征不信，不信民弗从；下焉者虽善不尊，不尊不信，不信民弗从。故君子之道，本诸身，微诸庶民，考诸三王而不谬，建诸天地而不悖，质诸鬼神而无疑，百世以俟圣人而不惑，质诸鬼神而无疑，知天也。百世以俟圣人而不惑，知人也。是故君子动而世为天下道，行而世为天下法，言而世为天下则；远之则有望，近之则不厌。诗曰：在彼无恶，在此无射，庶几夙夜以永终誉，君子未有不如此而蚤有誉于天下者也。

　　柱谨按：郑注：三重三王之礼也。三王之礼，夏殷周之礼也。上焉者，郑注："上谓君也。"下焉者，郑注："下谓臣也。"此说非是。上谓夏殷之礼也，下谓周之礼也。三王之礼，能统一于天下，国不异政，家不殊俗，则皆足以寡过。然夏殷无征，民不信从，周礼则有征矣，而春秋之世，周之礼制已不为时君所尊重，故民亦不信从也。然则法度崩驰，不将长此终古乎？斯孔子所以制作六经，本诸身，证诸庶民，考诸三王而不谬，建诸天地而不悖，质诸鬼神而无疑，百世以俟圣人而不惑，知天知人，故其道炳乎如日月之经天，巍乎如华岳之在地也。然六者之中要在乎本诸身。本诸身者，本诸其身之诚也。本诸其身之诚，故其行足以为天下法，言足以为天下则，配于天地，通于神明也。然则孔之道，所以成万古而不摩灭者，诚而已。诚之道大矣哉？

仲尼祖述尧舜，宪章文武，上律天时，下袭水土。譬如天地之无不持载，无不覆帱；譬如四时之错行；如日月之代明；万物并育而不相害，道并行而不相悖，小德川流，大德敦化；此天地之所以为大也。唯天下至圣，为能聪明睿知，足以有临也；宽裕温柔，足以有容也；发强刚毅，足以有执也；齐庄中正，足以有敬也；文理密察，足以有别也。溥博渊溥而时出之。博渊如天，渊泉如渊。见而民莫不敬，言而民莫不信，行而民莫不说，是以声名洋洋乎中国，施及蛮貊，舟车所至，人力所通，天之所覆，地之所载，日月所照，霜露所队，凡有血气者莫不尊亲。故曰：配天。惟天下之至诚，为能经纶天下之大本，知天地之化育。夫焉有所倚？肫肫其仁，渊渊其渊，浩浩其天。苟不固聪明圣知达天德者，其孰能知之？诗曰："衣锦尚绮"，恶其文之著也。故君子之道，暗然而日章；小人之道，的然而日亡。君子之道，淡而不厌，简而文，温而理，知远之近，知风之自，知微之显，可与入德矣。诗云："潜虽伏矣，亦孔之昭"，故君子内省不疚，无恶于志，君于所不可及者，其唯人之所不见乎？诗云："相在尔室，尚不愧于屋漏。"故君子不动而敬，不言而信。诗曰："奏假无言，时摩有争。"是故君子不赏而民劝，不怒而民威于铁钺。诗云："不显惟德，百辟其刑之。"是故君子笃恭而天下平。诗云："予怀明德，不大声以色，"子曰："声色之于以化民，末也。"诗曰："德辅如毛，毛犹有伦，上天之载，无声无臭，至矣。"

　　柱谨按：此子思于中庸之末，而自赞其祖君者也。非子思之私言，天下之公言也。大经者何，六经也。孔子之道，具乎六经。日月之明，星辰之行，经实系之；江河之流，华岳之高，经实系之；鬼神之灵，阴阳之精，经实系之；禽虫之生，草木之荣，经实系之；人伦之理，国家之纪，经实系之；邪正之情，吉凶之形，经实系之。经者道也。修道莫如诚。诚以事天地，天地致其和；诚以治国家，国家见其祥；诚以孝其亲，宗庙其可享；诚以养其心，神明其来将。诚者正也。守正莫如敬。敬以思虑，莫之能惑；敬以自立，莫之能仆；敬以进取，莫之能御；敬以自守，莫之能诱。敬者性也。率性莫如慎独。戒慎乎所不见则，见者隆矣，恐惧乎其所不闻，则闻者从矣。慎独养莫如养晦，蛟龙深藏，暗然而日章矣，犬羊昼行，的然而日亡矣。人第知圣人之至诚，足以动天地，化蛮貊，而不知圣道之广大，始于屋漏也。人第知圣人之大经，足以彰往古，照来今，而不知圣道之昭明，始于潜伏也。人第知圣人之难学，而不知圣人之道，在乎中庸也；人第知中庸之难能，而不知中庸之道，无声无臭也。此子思所以作中庸，一篇之中三致意者也。于戏，中庸之书，毕于此矣，中庸通义，毕于此矣。孔子既没，道不在兹乎。道不在兹乎？

图书在版编目（CIP）数据

罗根泽孟子传论 / 罗根泽著 . 陈柱中庸注参 / 陈柱
著 . -- 北京 : 北京联合出版公司 , 2013.10（2025.1 重印）
（民国大师文库）
ISBN 978-7-5502-2124-6

Ⅰ . ①罗… ②陈… Ⅱ . ①罗… ②陈… Ⅲ . ①儒家②
孟轲（前 372 ~ 前 289）—传记③《中庸》—注释 Ⅳ .
① B222.5 ② B222.12

中国版本图书馆 CIP 数据核字（2013）第 253237 号

罗根泽孟子传论 陈柱中庸注参

作 者：罗根泽 陈 柱
选题策划：北京三联弘源文化传播有限公司
责任编辑：王 巍 朱家彤

北京联合出版公司出版
（北京市西城区德外大街 83 号楼 9 层 100088）
天津海德伟业印务有限公司印制 新华书店经销
字数 219 千字 710 毫米 ×1000 毫米 1/16 16 印张
2014 年 1 月第 1 版 2025 年 1 月第 3 次印刷
ISBN 978-7-5502-2124-6
定价：80.00 元